Knaur.

Knaur.

Im Knaur Taschenbuch Verlag sind bereits folgende Bücher der Autorin erschienen:
Das Lehrerhasser-Buch. Eine Mutter rechnet ab
Elternsprechtag. Wie schlimm ist Schule wirklich

Über die Autorin:
Lotte Kühn ist das Pseudonym der Berliner Autorin Gerlinde Unverzagt, die bereits zahlreiche Bücher zu den Themen Erziehung und Bildung veröffentlicht hat. Als Lotte Kühn landete sie mit dem »Lehrerhasser-Buch« einen Bestseller, der ein riesiges Medienecho auslöste.
www.lehrerhasser-forum.de

Lotte Kühn

Schulversagen

Schlechte Schüler, hilflose Lehrer –
was in unseren Klassenzimmern falsch läuft

Knaur Taschenbuch Verlag

Einzelne Passagen aus den Kapiteln 2 und 10
finden sich so auch im Buch *Benehmen macht Schule*
der Autorin (als Gerlinde Unverzagt), erschienen 2005 bei dtv.

Besuchen Sie uns im Internet:
www.knaur.de

Originalausgabe März 2007

Redaktion: Marko Jacob
Umschlaggestaltung: ZERO Werbeagentur, München
Umschlagabbildung: Corbis
Satz: Adobe InDesign im Verlag
Druck und Bindung: Clausen & Bosse, Leck
Printed in Germany
ISBN 978-3-426-77936-1

2 4 5 3 1

Inhalt

Teil I

Das Problem

1. Kapitel

Wer ist schuld am PISA-Debakel?

Zinngrau und sehr tief hing der Himmel an diesem nasskalten Dezembermorgen über dem blattlosen Gezweige des Tiergartens. In der Nacht war die Temperatur unter null gesunken und kletterte nur langsam. Ein schmuddelgrauer Berliner Wintertag, in dessen Mittagsstunden das Thermometer wohl noch die Vier-Grad-Marke streifen würde. Doch als die Überbringerin der schlechten Nachrichten die baden-württembergische Landesvertretung in Berlin betrat, war die matt schimmernde Glasur aus Raureif auf den Hundekothaufen noch nicht ganz geschmolzen. Keine Sonnenstunde würde diesen Tag beglänzen und kein gnädiger Schneeflockenfall das graue Einerlei von Asphalt und dürrem Gestrüpp bedecken.

Draußen begann es gerade ein wenig zu nieseln, als Annette Schavan, die Präsidentin der Kultusministerkonferenz, an diesem 4. Dezember 2001 um 11 Uhr die Ergebnisse der ersten PISA-Studie vor Politik und Presse bekannt gab und damit auf die Schieflage des deutschen Bildungssystems aufmerksam machte.

Das »Program for International Student Assessment« erteilt den 15-jährigen Schülern in der Bundesrepublik Deutschland schlechte Noten für diese Klassenarbeit, an der 32 Nationen teilnahmen: Im Lesen erreicht Deutschland mit 484 Punkten nur Platz 21. Das sind 16 Punkte unter dem OECD-Durchschnitt von 500 Punkten. Finnland liegt mit 546 Punkten auf Platz 1, Brasilien mit 396 Punkten auf Platz 32. Anders gesagt: Knapp ein Viertel der Achtklässler in Deutschland kann nur mit Mühe lesen oder versteht Texte nur auf einem elementaren Niveau.

Der weltweit ausgelegte Test macht nicht nur Rückstände in der Beherrschung der Sprache, sondern auch in Mathematik und den Naturwissenschaften offenkundig.

Im internationalen Vergleich weit abgeschlagen – diesen Platz weist die erste PISA-Erhebung dem deutschen Bildungssystem zu, über das sich nicht wenige der Illusion hingaben, es sei ein leuchtendes Vorbild an Reformeifer, Didaktik und Effizienz. Das muss natürlich im Land der vermeintlichen Dichter und Denker besonders schmerzen und löst gleich eine hektische Fahndung nach den Schuldigen an dieser Misere aus.

Doch die Analyse zeigt ja nicht nur, dass sich die 15-Jährigen mit dem Lesen schwertun, nicht richtig rechnen können oder von Chemie, Physik und Biologie keinen blassen Schimmer haben. Die Auswertung der Daten hebt einen weiteren besonders negativen Punkt hervor: Nirgendwo haben es Kinder von sozial niedrigerer Herkunft so schwer, einen hohen Schulabschluss zu erlangen, wie hierzulande. In keinem anderen Land sind Leistungsunterschiede so stark durch die soziale Herkunft bedingt wie in Deutschland. Bei uns liegt die Differenz zwischen der oberen und der unteren sozialen Schicht bei 111 Punkten – in Korea, Finnland und Japan nur zwischen 25 und 50 Punkten. Soziale Benachteiligung gleichen die Schulen anderer Länder offenbar wesentlich besser aus als unsere.

*

Doch die Schule versagt hierzulande offenbar nicht nur gründlicher, sondern auch schon länger als die Schüler: »Die Bundesrepublik steht in der vergleichenden Schulstatistik am untersten Ende der europäischen Länder«, resümierte der Bildungspolitiker und Pädagoge Georg Picht – lange vor PISA. Vor mehr als 40 Jahren wurden die Ergebnisse der »First International Science Study (FISS)« veröffentlicht: Deutsche Schüler belegten 1964 in Mathematik den 11. Platz im Vergleich von 12 Industriestaaten – genau in dem Jahr, in dem Georg Picht *Die deutsche Bildungskatastrophe* ausgerufen hatte. Sein Buch, aber auch die immer drängender geäußerte Kritik an der fehlenden Chancengleichheit für verschiedene Gruppen der Bevölkerung, lösten eine Fülle bildungspolitischer Diskussionen und Reformen aus.

»In der modernen Leistungsgesellschaft heißt soziale Gerechtigkeit nichts anderes als gerechte Verteilung der Bildungschancen«,

formulierte Picht griffig und forderte, das Bildungssystem an die Erfordernisse modernen Wirtschafts- und Arbeitslebens anzupassen: höhere Abiturientenzahlen und bessere Unterrichtsbedingungen sollten ausreichend qualifizierten Nachwuchs sichern, um die Wettbewerbsfähigkeit der deutschen Wirtschaft zu stärken. Dem sozial wenig durchlässigen dreigliedrigen Schulsystem in Deutschland attestierte Georg Picht, soziale Benachteiligung zu reproduzieren, anstatt Schüler nach Maßgabe ihrer individuellen Fähigkeiten zu fördern. Mehr noch: Picht unterstreicht, wie eng Chancengleichheit und Demokratie zusammengehören. Er geht davon aus, dass die Demokratie in Deutschland vor allem auf dem Gebiet des Schulwesens »durch eine ungebrochene Tradition obrigkeitsstaatlichen Denkens und durch das Übergewicht der Bürokratie ständig bedroht« ist.

Bildung sei allgemeines Bürgerrecht, das allen gleichermaßen und unabhängig von ihrer Herkunft zustehe, verlangte auch der Soziologe Ralf Dahrendorf. Mit ihren Forderungen trafen Dahrendorf und Picht den Nerv der Zeit. Bund und Länder gründeten den »Deutschen Bildungsrat«, der schon 1969 Reformvorschläge bündelte und einen »Strukturplan für das deutsche Bildungswesen« entwarf. Das Ziel: bessere Schulen, moderne Unterrichtsinhalte, gleiche Chancen für alle und Mitwirkungsmöglichkeiten für Lehrer, Eltern und Schüler. Sogar der schlechten Lehrerausbildung und der mangelhaften Ausstattung der Schulen wollte man schon am Ende der sechziger Jahre Abhilfe verschafft wissen. Im Einzelnen beschrieb der »Deutsche Bildungsrat« notwendige Schritte, die uns seit 2001 merkwürdig bekannt vorkommen dürften: anspruchsvollere Inhalte und Formen des Lernens für alle, auch durch eine generell stärkere Wissenschaftsorientierung des Unterrichts; die optimale Entfaltung von Entwicklungsmöglichkeiten durch eine bereits vor der Schule ansetzende Förderung von systematischem Lernen; die Realisierung des individuellen Bildungsrechts durch eine stärkere Differenzierung der schulischen Angebote und des Unterrichts; einen Ausgleich von milieubedingten Nachteilen durch kompensatorische Maßnahmen der Schule; eine umfassendere Ausschöpfung des Begabungspotentials zur Sicherung der ökonomischen Wettbewerbsfähigkeit.

Was diese erste Vergleichsstudie an Erkenntnissen bringt, wiederholt sich gebetsmühlenartig in den folgenden Jahren und Jahrzehnten: Deutschland schöpft die Begabungsreserven seiner jugendlichen Einwohner nicht aus. Was individuell gesehen viele kleine Katastrophen im Leben von Schulkindern sind, erscheint im Ganzen betrachtet als volkswirtschaftlich unsinnig, ökonomisch ineffizient und töricht – wir leisten uns schon aus Tradition einen veritablen Standortnachteil im internationalen Rennen um die Fleischtöpfe.

Auch die PISA-Studie misst die Fähigkeiten der 15-jährigen Schüler verschiedener Länder, die arbeitsmarktrelevant sind: Mathematik, Lesekompetenz und Naturwissenschaften. Mit Bildung hat das zunächst herzlich wenig zu tun. Das Medaillen-Ranking der PISA-Studie antwortet nicht auf die Frage, was Bildung eben noch mehr ist, außer Mathe, Naturwissenschaften und Lesekompetenz, und es sagt rein gar nichts über das Befinden oder die Interessen der Schüler. In den dürren Zahlenkolonnen scheint jedoch auf, dass mindestens ein Drittel der in Deutschland erfassten Schüler eine Schullaufbahn hinter sich gebracht hat, die sich durch Misserfolge, Scheitern und Versagen auszeichnet.

*

Den Reformen der siebziger Jahre verdanken die Eltern der heutigen Schüler nicht nur SV-Stunden, Klassensprecherposten, die Mengenlehre und die Abschaffung der Prügelstrafe, sondern auch Punkte statt Noten in der Oberstufe, das Kurssystem im Gymnasium samt der damals episodischen Möglichkeit, Mathe im zwölften Schuljahr abzuwählen, und die neuen Gesamtschulen, die zuerst in Nordrhein-Westfalen eine Alternative zum dreigliedrigen Schulsystem boten und mit dem Anspruch antraten, alle Schüler nach ihren individuellen Fähigkeiten auf ein und derselben Schule zu fördern und auf diese Weise endlich soziale Gerechtigkeit im Bildungswesen zu verwirklichen. Im Kielwasser dieser segensreichen Neuerungen entbrannte aber auch eine wilde Debatte um Bildungsangelegenheiten, die bis weit in die achtziger Jahre reichte und an diesem Wintervormittag Anfang Dezember 2001 neuen Zündstoff bezieht. Soziologen, Politiker, Bildungsexperten, Linke,

Rechte, Konservative und Liberale streiten damals wie heute um Schulformen, Unterrichtsinhalte, Lernmethoden, Leistungsbewertung, Lehrerrollen und Elternrechte. Höchst uneinig über den einzuschlagenden Weg, sind sie sonderbar einig nur in einem Punkt: Es braucht mehr Geld, um die Schulen besser zu machen.

In all den ideologischen Grabenkämpfen ging nur leider die Vision vom großen Wurf verloren: eine grundlegende, bundesweite Bildungsreform, als deren Ergebnis ein Schulsystem dasteht, das mehr an den Bedürfnissen von Schülern orientiert ist und das Recht von allen Kindern, gemäß ihren Fähigkeiten ausgebildet zu werden, verwirklicht, anstatt seine Schüler schon früh im Leben den Bedingungen von Systemen unterzuordnen.

Alles andere ist geblieben: Die bildungspolitischen Aufgeregtheiten seit der Veröffentlichung der Ergebnisse aus der ersten PISA-Studie vergessen gern den traurigen Umstand, dass das schlechte Abschneiden deutscher Schüler in internationalen Vergleichstests nichts Neues ist. Schlimm genug, doch die Ausrede gilt nicht, wonach die schlechten Leistungen der 15-Jährigen von heute als akutes Leistungsversagen der Schüler, Erziehungsversagen der Eltern oder Unterrichtsversagen der Lehrer im Vergleich zu früheren Zeiten zu deuten sind, in denen die Schulwelt noch in Ordnung war. PISA bestätigt einmal mehr die Ergebnisse vorangegangener Schulleistungsvergleiche von FISS bis TIMSS, über LAU und IGLU – allenfalls mittelmäßige Leistungen deutscher Schüler, Schwierigkeiten beim selbstständigen Anwenden erworbener Kenntnisse und hohe soziale Hürden im deutschen Bildungswesen. Dass die über 30 Jahre alten Reformforderungen des »Deutschen Bildungsrates« uns heute so bekannt vorkommen, ist ja kein Zufall und bemäntelt nur schwach die wirklich schlechte Nachricht. Bildungspolitische Reformen wirken langsam und wahrscheinlich weniger, als wir alle wahrhaben wollen. Und Schulstrukturdebatten drängen die eigentlichen Themen in den Hintergrund – über die Qualität des Unterrichts, die Leseförderung und die Aus- und Weiterbildung der Lehrer müssten wir nachdenken.

»Die gegenwärtige Debatte verschleiert mehr als aufzuklären. Der deutsche Streit um die Schulstruktur ist vollkommen überflüssig. Die bildungspolitischen Debatten hierzulande verhindern, die eigentlichen Probleme anzugehen, sie sind nichts anderes als politische Selbstbeschäftigung auf dem Rücken der Schüler«,

äußert in diesem Sinne die *FAZ*-Redakteurin und Bildungsexpertin Heike Schmoll.

Jenseits vom Glaubensbekenntnis zu dieser oder jener Schulform scheint es immer noch mehr darauf anzukommen, was genau in der jeweiligen Schule eigentlich passiert. Ganztagsschule, Gesamtschule, Gymnasium, Vorschulerziehung – das kann alles wichtig sein, weil es verschiedene Möglichkeiten für verschiedene Kinder eröffnet. Aber in Wirklichkeit muss um Potential tagtäglich in Klassenzimmern wie in Kindergärten neu gerungen werden.

»Wenn die staatliche Schule aufgrund disziplinärer und methodischer Defizite nicht mehr dazu in der Lage ist, den ihr anvertrauten Kindern die grundlegenden Kulturtechniken und ein solides Allgemeinwissen zu vermitteln, dann müssen die Eltern selbst aktiv werden. Wer es sich leisten kann, schickt sein Kind auf eine private Schule. Wessen Geldbeutel dick genug ist, kann seinem Kind – wie in Japan – teure Nachhilfestunden »gönnen«. Eltern mit geringem Einkommen haben die Möglichkeit, ihren Kindern zu Hause das nötige Rüstzeug zu vermitteln. Kinder, deren Eltern weder über Geld noch über Bildungsinteressen verfügen, haben als Absolventen der öffentlichen Bildungsanstalten allerdings das Nachsehen. So weit das Ergebnis jahrzehntelang betriebener, als sozial gepriesener Schulreformpolitik«,

resümiert die Pädagogin Karin Pfeiffer und stichelt:

»Gerechter war im Vergleich dazu die frühere Lern- und Leistungsschule, denn sie bot allen Kindern eine Chance: auch jenen aus armen und bildungsfernen Elternhäusern.«

Aufgeregte Betriebsamkeit, vorschnelle und strategische Schuldzuweisungen, ideologische Grabenkämpfe, reformatorische Schnellschüsse und bildungspolitische Hektik, wie sie in den siebziger Jahren ausbrach und in den letzten Jahren wieder hochkocht, bringen eben gar nichts. Wirkliche Reformen brauchen vielmehr einen Willen zur Veränderung – und den langen Atem. Die Stichworte sind doch längst gefallen: individuelle Förderung, längeres gemeinsames Lernen, Schulvielfalt, weniger Stundenausfall, Ganztagsschulangebote, motivierte, weil gut ausgewählte, gut ausgebildete und gut unterstützte Lehrer und ja, auch mehr Geld für Kindergärten, Schulen und Hochschulen …

Doch so weit sind wir immer noch nicht. Die bisherigen PISA-Debatten zeigen auch, wie wenig echte Bereitschaft die Bildungsverantwortlichen aufbringen, sich jenseits allen Geschreis darauf einzulassen, von anderen zu lernen oder schlechte Gewohnheiten abzulegen. In der Unsicherheit des schlechten Abschneidens deutscher Schüler ist ein Nährboden entstanden, der alte Streitereien neu belebt – ideologische Vorbehalte werden gepflegt, Sündenböcke ausgemacht und Schuld zugewiesen.

Die PISA-Studie und ihre Ursachen

Einen wesentlichen Hinweis auf die Ursachen des schlechten Abschneidens des deutschen Schulsystems verdanken wir Jan Edel – Schulkritiker, Vater und leidenschaftlicher Verfechter des (verbotenen) Heimunterrichts. Er hat dem Wandel der Zeiten im Wandel der Schulaufgaben nachgespürt:

Realschule 1960:

Ein Bauer verkauft einen Sack Kartoffeln für 50,– DM. Die Erzeugerkosten betragen 40,– DM. Berechne den Gewinn.

Sekundarschule 1970:

Ein Bauer verkauft einen Sack Kartoffeln für 50,– DM. Die Erzeugerkosten betragen vier Fünftel des Erlöses. Wie hoch ist der Gewinn des Bauern? Rechenschieber nicht erlaubt.

1980 Korrektur der Formulierung (Neuauflage)

Ein/e Bauer/in verkauft eine/n Sack/in Kartoffeln/innen einem/er Kunden/in für 50,– DM. Die Erzeuger/innenkosten betragen vier Fünftel/innen des Erlöses. Wie hoch ist der/die Gewinn/in des/der Bauern/in)? Keine/n Taschenrechner/in verwenden.

1990 Gymnasium

Ein Agrarökonom verkauft eine Menge subterraner Solanum tuberasum für eine Menge Geld (=G). G hat die Mächtigkeit 50. Für die Elemente aus G=g gilt G=0. Die Menge der Herstellungskosten (=H) ist um 10 Elemente weniger mächtig als die Menge G. Zeichnen Sie ein Bild der Menge H als Teilmenge G und kennzeichnen Sie die Lösungsmenge X gemäß folgender Frage: Wie mächtig ist der Gewinn?

Freie Waldorfschule 1995

Male einen Sack Kartoffeln und singe ein Lied dazu.

Integrierte Gesamtschule 1999

Ein Bauer verkauft einen Sack Kartoffeln für 50,– DM. Die Erzeugerkosten betragen 40,– DM. Der Gewinn beträgt 10,– DM. Unterstreiche das Wort »Kartoffeln« und diskutiere mit deinen Mitschülern aus den anderen Kulturkreisen darüber. Waffen sind dabei nicht erlaubt.

Schule 2005 (nach der Bildungs- und Rechtschreibreform)

Ein agrarinschinör fergauft ein sagg gartoffeln für 25 Euro. Die kosden bedragen 5 Euro, der gewinn bedregt 20 euro.

Aufgabe: margiere den term gardoffeln und maile die lösung im pdf-format an: klasse2a@schule. Euroba.

Schule 2010:

Sorrie, es gipt kaine gardoffeln mehr! Nur noch pom frit bei mec donnelts! Es lebe der fortschridd!

Schon drei Tage nachdem die Kurzfassung der ersten PISA-Studie veröffentlicht worden war, kommentierten, interpretierten, appellierten und monierten die üblichen Verdächtigen um die Wette. Die Gewerkschaft Erziehung und Wissenschaft hatte offenbar ganz früh Wind bekommen. Bereits zwei Tage vor der offiziellen Bekanntgabe legte sie erste Vorschläge auf den Tisch, wie dem defizitären deutschen Bildungsunternehmen auf die Sprünge zu helfen sei. Schon am Tage der Veröffentlichung einigte sich die Kultusministerkonferenz mit den Lehrerverbänden auf »Konsequenzen aus der PISA-Studie«. Hastig versandte die KMK innerhalb von drei Tagen nacheinander vier Presseerklärungen, in denen in unterschiedlicher Gliederung jeweils unterschiedliche Maßnahmen als Konsequenz aus PISA verkündet wurden.

Der Streit um die Deutung der Schreckensnachricht war damit ausgebrochen. Alle wussten, welche Ergebnisse PISA erbracht hat, alle wussten, was diese Ergebnisse zu bedeuten hatten, alle konnten erklären, wie es so weit kommen konnte, und jeder hatte ein altes Rezept parat, das gerne auch mal wieder aus der Schublade gezogen werden konnte, denn die Öffentlichkeit war hellhörig geworden.

So hatte das schlechte PISA-Ergebnis ja auch sein Gutes: Je schlechter die Schüler bei Schulleistungsvergleichen abschneiden, desto mehr muss sich der Blick der Politiker und der Öffentlichkeit auf die veralteten Strukturen im deutschen Schulbetrieb richten. Natürlich hatte auch jeder prompt ein Gegenmittel parat: Die Verkürzung des Gymnasiums auf acht Jahre forderte Wolfgang Clement, der damalige Ministerpräsident von Nordrhein-Westfalen, obwohl die Leistungsmessungen doch eher eine Verlängerung der Schulzeit nahelegen. Egal, G 8 hat sich mittlerweile vom bayerischen Sonderweg zum bundesweiten Trend entwickelt – zum Leidwesen von Kindern und Eltern, die sich überall in Deutschland tagtäglich an der Aufgabe verheben, den Stoff von neun Jahren in nunmehr acht Jahren durchzukauen. Auch die Forderung, das Lernen ganz neu zu erfinden und Schule neu zu denken, klingt sehr schön und ist aus unzähligen Schulprofilen, Leitartikeln und Sonntagsreden gar nicht mehr wegzudenken – genauso wie die allfällige Mahnung, dass wir eine andere Lernkultur entwickeln müssen, wenn wir in der nächsten PISA-Erhebung mehr als eine Teilnahmebestätigung ergattern wollen. Journalisten erfassten in Windeseile die Gründe für die schlechten Noten der deutschen Schulen. So schrieb Martin Spiewak bereits am 6. Dezember 2001 in der *ZEIT:*

»Warum schneiden skandinavische, asiatische und angelsächsische Länder so viel besser ab als wir? Die Antwort ist einfach: Ihre Lehrer geben besseren Unterricht.«

Einmütig verlangen wir seitdem nach mehr Fortbildung für Lehrer. Doch der Spitzenplatz der famosen Finnen gab auch denjenigen Wasser auf die Mühlen der Bildungsdebatte, die schon immer das dreigliedrige Schulsystem abschaffen und Gesamtschulen bundesweit und flächendeckend an ihrer Stelle sehen wollten. Was als Argument brauchbar erschien, um die traditionelle Dreigliedrigkeit abzuschaffen, wurde im Fernsehen, im Radio, in der Zeitung nachgebetet und besonders gerne da, wo Landtagswahlen ins Haus standen. Informationen, die die Formel erschüttern könnten, »Von Pisa lernen heißt siegen lernen«, sprich: »Her mit den Gesamtschulen für alle!«, hatten es schwer, ins Bewusstsein einer interessierten Öffentlichkeit vorzudringen. Wen interessiert es schließlich schon, dass die finnische Gesamtschule mit der deutschen wenig mehr als den Namen gemein hat: In Finnland ist das eine Grundschule, die von den Kindern neun Jahre lang gemeinsam besucht wird – und nicht eine Schule mit den Jahrgängen 5 bis 13.

Doch während die Gesamtschulbefürworter noch an der Legende strickten, in Finnland säßen Lernbehinderte und Hochbegabte friedlich in einer Klasse zusammen und lernten im binnendifferenzierten Unterricht voneinander, wurde auf der Gegenseite schon mit Parolen zum Kampf gegen den »Einheitsbrei« generalmobilgemacht. Die »Einheitsschule« taugt als ideologischer Kampfbegriff offenbar noch immer gegen alles, was gegen frühe Selektion und nach längerer gemeinsamer Lernzeit aussieht – aber das genau attestierten die PISA-Autoren den Verlierern: Nirgendwo sonst ist, wie gesagt, die Spanne zwischen den besten und den schwächsten Leistungen so ausgeprägt wie hier, nirgendwo sonst hängt der Lernerfolg so stark vom sozialen Hintergrund des Schülers ab wie hier.

Nach dem schlechten PISA-Ergebnis von 2001 wird in den 16 Bundesländern beinahe im Wochentakt eine neue Reform verkündet:

- Verpflichtende Vergleichsarbeiten sollen die Schüler in Hessen schreiben,
- in Bayern wird die Gymnasialzeit verkürzt,
- Schulinspektoren machen sich in Niedersachsen auf den Weg in den Unterricht,
- mit Sprachförderung beginnt man in Bremen und
- über den Ausbau der vorschulischen Bildung und auch den früheren Fremdsprachenunterricht will man jetzt überall nachdenken.
- Verbindliche Bildungsstandards werden für alle Bundesländer formuliert, Handlungsfelder beschrieben, Modellversuche in allen möglichen Schulen gestartet, Schulprofile entwickelt und und und.

Allein ihre Fülle und kleinstaatliche Beschränktheit macht die Salve aus Konsequenzen nach PISA ziemlich unübersichtlich. Eine systematische Verbesserung der Missstände kann man sich auch anders vorstellen.

Wie in keinem anderen Land brandet eine enorme Diskussion über Veränderungen im Bildungswesen auf. Hohen Kommunikationsaufwand betreiben die Medien, um über alles zu reden, was aus der vergleichenden Analyse mit den besser platzierten Ländern zu erfahren ist. Minister, Journalisten und Bildungsexperten machten sich nach Finnland auf, um die Erfolgsgeheimnisse des Klassenbesten zu ergründen. In Finnland gehen die Kinder neun Jahre lang gemeinsam in die Schule, und das heißt auch, dass kein Lehrer die Chance hat, einen schlechten Schüler sitzen bleiben zu lassen oder auf die nächstniedrigere Schulform abzuschieben. Danach besuchen finnische Jugendliche entweder die dreijährige Oberstufe oder beginnen eine Berufsausbildung – eine wichtige Konsequenz aus der sozialdemokratischen Reformfreude der sechziger Jahre, als das finnische Parlament die Einführung der neunjährigen Gesamtschule beschloss.

Neben vielen anderen plausiblen und vernünftigen Gründen für den Vorsprung der kleinen Finnen, gab es auch sympathische Erklärungen zu lesen: »Wahrscheinlich lässt sich alles am besten mit den dunklen Wintertagen erklären. Schon früh am Nachmittag wird es stockduster in Finnland – und dann knipsen die Finnen eben ihre Leselampen an«, schreibt der Journalist Reinhard Kahl in der *ZEIT* vom 6. Dezember 2001.

»Und PISA hat ihnen nun bestätigt, dass darin der Weg zum Erfolg liegt. In Sachen Lesekompetenz sind die finnischen Schülerinnen und Schüler weltweit unschlagbar und liegen mit ihren Ergebnissen weit über dem Durchschnitt.«

Wer lesen kann, ist stark im Vorteil – wer wollte das bestreiten, wo doch sogar in deutschen didaktischen Rahmenplänen das Lesen zu den schwierigen Tätigkeiten gezählt wird? Ein klassischer Fallrückzieher …

Doch warum lesen die deutschen Schüler so ungern? In den Leserbriefspalten der Lokalzeitungen, den Statements von Arbeitgebervertretern oder der organisierten Lehrerschaft kann man die Antwort finden: Deutsche Kinder gucken zu viel fern, beschäftigen sich hauptsächlich mit gewaltverherrlichenden Computerspielen und sind eigentlich gar nicht mehr bereit, sich mit einem guten Buch in die Lese-Ecke zu verziehen. Und daran sind ja nun wirklich nicht die Lehrer, sondern das Elternhaus schuld.

Die Debatte verschärfte sich durch das Blutbad von Erfurt, als ein von der Schule verwiesener Schüler eines Gymnasiums in einem Amoklauf mehrere Lehrer, einen Polizisten und anschließend sich selbst erschießt. »Erfurt«, launig zum »11. September der Gymnasialpädagogik« erklärt, wird zur Chiffre sehr speziellen Schulversagens, in dem beflissene Analysten einen neuen Sündenbock ausmachen. Wie man jetzt von defizitären Kenntnissen in Mathe, Naturwissenschaften und Lesen zur gewalttätigen Verrohung der Schülerschaft kommt, wird allerdings nicht auf den ersten Blick ersichtlich. Dazu muss man nur verschiedene Phänomene kurzschließen, schon wird ein Mechanismus draus. Man fand unzählige Ballerspiele im Nachlass des Erfurter Amokläufers, und auch im jüngsten Fall des wild um sich schießenden 18-jährigen Schülers aus Emsdetten, der sich am Ende selbst tötete, war schnell klar: »Counterstrike« hat er gespielt – ein klares Indiz, dass gewaltverherrlichende Medien einen Gutteil der Verantwortung tragen, wenn Schüler in Schulen versagen. Und dass er in seinem Abschiedsbrief schrieb, »das Einzige, was ich in der Schule gelernt habe, ist, dass ich ein Verlierer bin«, tut nichts weiter zur Sache?

2. Kapitel

Ein Wanderpokal rotiert ...

Neben den schnellen Diagnosen gab es viel Schelte. Dass sich vor allem die Eltern wieder mehr um ihre Kinder kümmern müssen, damit die Schulleistungen besser werden, befand Josef Kraus, der Präsident des Lehrerverbandes. Mit ihm geben immer mehr Lehrer unisono den Eltern die Schuld am Schulversagen der Kinder. Schüler heute sind unausgeschlafen, unpünktlich, unkonzentriert, unordentlich. Ehedem Selbstverständlichkeiten wie Pausenbrot, Hausaufgabenkontrolle und Vorlesen fänden ja praktisch gar nicht mehr statt. Das Verdienst, auf diesen traurigen Umstand, der zum PISA-Debakel von 2001 und seiner Wiederaufführung von 2003 führte, hingewiesen zu haben, gebührt vielen Lehrerlobbyisten, Politikern und Leitartikeln.

In jüngster Zeit danken wir dem niedersächsischen Kultusminister Bernd Busemann, der im November 2005, im Jahre 4 nach PISA, sehr deutlich wird:

> »Die Eltern sind die ersten Partner ihres Kindes und auch für dessen Bildung zuständig. Das fängt mit ordentlicher Ernährung an und geht bis hin zu täglichem Vorlesen. Das zwei-, dreijährige Kind dankt den Eltern das später mit besseren Schulleistungen. Viele Eltern müssen erkennen, dass Erziehung am ersten Tag nach der Geburt anfängt.«

Vorlesen und Stullen schmieren – ja, auch Eltern könnten Wesentliches dazu beitragen, dass wir bei PISA besser dastehen. PISA 2003 hat das im Übrigen ganz unangestrengt bewiesen. Beim zweiten Test konnten sich fast nur die etwas verbessern, die sowieso schon gut waren. Das Bildungsbürgertum wusste sich eben selbst zu helfen und hat noch einmal nachgelegt, Nachhilfestunden organisiert und die Unterstützung der Schüler verstärkt. Und der Zusammenhang zwischen nicht vorhandenem Pausenbrot und schlechten PISA-Ergebnissen darf ja als hinreichend belegt gelten. Vor einer Debatte über die deutsche Schulstruktur jedoch möchte Bernd Busemann warnen.

»Das haben wir 30 Jahre lang gehabt, gebessert hat sich die Situation an den Schulen nicht.«

Stimmt. Und neuerdings sind daran wieder die Eltern schuld. Je nach Diagnose wird die Schuldzuweisung flugs umadressiert, so einfach ist das. Seit einigen Jahren wächst doch der Chor der Stimmen, die von Eltern mehr Engagement in der Schule fordern und aus bildungsfernen Müttern und Vätern mit und ohne Migrationshintergrund wieder bessere Erzieher machen wollen. Einige Volksvertreter tun sich mit dem Ansinnen hervor, Schulen zu einer Art Familienzentrum umgestalten zu wollen. »Elterncafés« und »Mütterkurse« sollen die neuen Oasen in der Bildungslandschaft sein, eine Berliner Hauptschule macht Furore mit Erziehungskursen, deren Besuch obligatorisch für Eltern ist, die ihr Kind auf dieser Schule anmelden möchten. Ideen gibt es viele: Der Staat könnte Gutscheine für Elternbildungskurse verschenken, der Bezug von Kindergeld an das Erwerben eines Erziehungsführerscheins gebunden werden. Und der baden-württembergische Ministerpräsident Günther Oettinger (CDU) stellt sich vor, regelmäßige Gespräche zwischen Eltern und Lehrern zur Pflicht zu erklären. In der Politik scheint man sich einig darüber zu sein, dass Eltern stärker in die Pflicht zu nehmen sind. In der Lehrerschaft ist man auch einhellig der Meinung, Elternengagement einfordern zu müssen. Dass sich nur mit den Eltern gemeinsam gut Schule halten lasse, ist längst rhetorisches Allgemeingut – eines, über das unsere eigenen Eltern noch verständnislos den Kopf geschüttelt hätten.

Immer stärker werden wir heute eingebunden, und dabei wird der primäre Bildungsauftrag der Schulen mit dem Erziehungsauftrag im Elternhaus verbacken. Man muss noch nicht einmal krankhaft misstrauisch sein, um zu erkennen, dass es nicht so sehr um die Stärkung der Lesekompetenz geht als vielmehr um den Versuch, uns Müttern und Vätern eine Lektion zu erteilen. Wenn wir nicht gerade als Hilfslehrer und Handlanger eingesetzt werden, bestellt man uns jetzt in die Schule, um uns zu erklären, wie wir mit unseren Kindern umzugehen haben. Dahinter steckt die Vorstellung, Eltern seien grundsätzlich mit der Erziehung ihrer Kinder überfordert und ohne professionelle Unterweisung aufgeschmissen – und nicht etwa verantwortungsbewusste Erwachsene, denen der richtige Umgang mit ihren Kindern im Allgemeinen zuzutrauen ist.

Bei Strafe späteren Schulversagens unserer kleinen Lieblinge werden wir zum Vorlesen angehalten, mit der Hausaufgabenkontrolle betraut und zum Herstellen ökologisch korrekter Pausenbrote veranlasst. Und nun sollen wir auch noch einmal die Schulbank drücken, um zu lernen, wie man kindliche Bildungs- und Entwicklungsprozesse gezielt fördert, oder lassen uns zum Abschluss von Erziehungsverträgen nötigen, in denen wir mit unserer Unterschrift dafür geradestehen, täglich die Hausaufgaben zu kontrollieren. Vereinzelt nur hört man die Stimmen, die darin wie der Bundeselternrat »nur eine Disziplinierung der Eltern« erkennen mögen.

Wie man sich Wissen erobert, Fähigkeiten aneignet und

Know-how vermittelt, gilt eben längst nicht mehr als Sache der Kinder und ihrer Lehrer. Immer mehr Eltern gehen mit in die Schule; sie investieren viel Zeit, Geld und Geduld in die schulische Laufbahn der Kinder. Es stimmt ja – Kinder, deren Eltern sich kümmern, kommen in der Regel in der Schule besser klar als ihre Altersgenossen, die weniger gefördert werden. Doch rechtfertigt dieser Umstand das Ansinnen der Politik, Eltern zur aktiven Unterstützung der Schule zu verpflichten? Erziehungskurse als obligatorische Veranstaltungen zu etablieren? Oder haben Politiker und Lehrerschaft nicht eher im Großen und Ganzen vor der Herausforderung kapituliert, Kindern in der Schule eine Bildung zu ermöglichen, die unabhängig von ihrer Herkunft gelingt? Mittelschichtseltern engagieren sich im Allgemeinen mehr für den Schulerfolg ihrer Kinder als Unterschichtseltern. In Deutschland ist der Zusammenhang zwischen Herkunft und Schulleistung ausgeprägter als in anderen Ländern – und der Wille, diesen bedauerlichen Umstand aus eigener Kraft aufzubrechen, schwindet in den Schulen dahin. Sollen das die Eltern jetzt richten? Oder müsste die eigentliche Frage nicht lauten: Wie gleicht die Politik denn die Defizite von Schülern aus sozial schwachen Elternhäusern aus? Die Indienstnahme von Familien als Notstromaggregate für marode Schulen wirkt wie ein gigantisches Ablenkungsmanöver der eigentlich Verantwortlichen. Die Schulen schauen nicht in den Spiegel, sondern auf die Familien, anstatt sich der unvoreingenommenen Förderung der Kinder zu widmen. Das Nachsehen haben die Kinder, deren Eltern – aus welchen Gründen auch immer – sich dem Eingebundenwerden entziehen oder widersetzen.

Es gibt Eltern, die mehr vom Leben wollen, als den Schriftspracherwerb ihres Kindes kenntnisreich zu überwachen. Es gibt

Eltern, die arbeiten, um die Existenz der Familie zu sichern. Es gibt gleichgültige, uninteressierte Eltern, die ihre Kinder vor dem Fernseher parken und vor dem Computer sich selbst überlassen. Es gibt Haushalte, in denen der Korkenzieher ständig in Bewegung ist, kein einziges Buch das Nippesregal ziert und der Fernseher noch nicht einmal ausgeschaltet wird, wenn der Sozialarbeiter vom Jugendamt vorbeischaut. Es gibt Mütter, die ihre alleinerzogenen Kinder mit einer Parade ständig wechselnder Stiefväter verstören. Und Väter, die durch Abwesenheit, Desinteresse und ausbleibende Unterhaltszahlungen glänzen, die gibt es auch. Und es gibt Eltern, die ihr Kind achselzuckend in die Schule verabschieden und erwarten, dass dort erzogen wird. Was die Schule angeht, gab es schon immer Eltern, die sich nicht drum kümmern, Eltern, die sich nicht interessieren, und Eltern, die sich viel zu intensiv damit auseinandersetzen.

Aber wollen wir das alles die Kinder ausbaden lassen? In welchem Maß Elternverhalten maßgeblich für den Schulerfolg von Kindern sein darf – darüber lässt sich durchaus streiten.

Natürlich gibt es Kinder, die nicht stillsitzen, sich nicht zwei Minuten konzentrieren können und immer seltener und weniger fähig und bereit sind, auch nur die allereinfachsten Regeln des Zusammenlebens einzuhalten. Wie soll man denn da einen vernünftigen Unterricht machen, fragen die Lehrer und weisen jede Verantwortung weit von sich. Dann rechnen sie vor, dass von 45 Minuten einer Unterrichtsstunde 43 Minuten für Disziplinarisches draufgehen. Sie beschreiben ihre minderjährige Klientel als einen bunt gemischten Haufen aus Hyperaktiven, Fehlernährten, Verhaltensgestörten, Hochbegabten und Wohlstandsverwahrlosten, Frühgeförderten, Dyskalkulikern und Legasthenikern, die noch dazu in Sprachen aus aller Herren Länder schnattern und des Deutschen kaum mächtig sind. Ist es nicht verständlich, dass Lehrer entweder hilflos mit den Armen rudern, genervt abwinken und immer wieder die Erziehungsunfähigkeit der Eltern anprangern, wenn man ihnen einmal mehr nahelegt, dass die Schule ihren klassischen Bildungsauftrag heute eben mit einem breiten erzieherischen Rahmenprogramm ergänzen muss, damit allerlei Bildungssaat überhaupt noch aufgeht? Die Kinder bringen nun mal unterschiedliche Startvoraussetzungen aus ihren Familien mit, die die Lehrer zu kompensierender Erziehungsarbeit veranlassen. Damit der Umbau der »Belehrungsanstalt zu einer PISA-tauglichen Lernwerkstatt« (Peter Struck) gelingt, sind zweifellos größere Anstrengungen nötig – auch von Lehrern und Politikern.

Mehr Chancengleichheit zu verwirklichen ist ein schönes, wenn auch nicht ganz neues Ziel unseres Bildungswesens. Die allgemeine Schulpflicht verband sich zumindest noch mit dem Anspruch, einen Entfaltungsraum für die Kinder zu schaffen, der möglichst unabhängig vom Elternhaus funktioniert. Kinder aus ärmeren Familien sollten wenigstens die Chance haben, durch gute schulische Leistungen sozial aufzusteigen. Doch der aktuelle Trend, die Eltern noch viel stärker als früher für den Schulerfolg ihrer Kinder verantwortlich zu machen, kann keine Lösung sein. Er wird das Leistungsgefälle im Klassenzimmer nur noch verstärken.

Bei der Frage, wie eine Runderneuerung der Schule vonstatten gehen kann, wird noch immer mit breitem Pinsel gemalt, der kaum Nuancen erlaubt. In grellen Farben wird gleich ein ganzes Rudel von Sündenböcken skizziert. Darunter sind wahre Prachtexemplare:

- Hysterische Eltern, die hinter jeder Dummheit ihrer Kinder eine verborgene Hochbegabung vermuten.

- Hochbezahlte Halbtagsjobber, die im Lehrerberuf vormittags recht und nachmittags frei haben.
- Machtverliebte Politiker, die aus jeder Befindlichkeit, jedem Testergebnis und jeder Statistik einfach immer nur Wahlkampfmunition schmieden.
- Wirtschaftsbosse, die über defizitäres Humankapital schwadronieren und über aller Profitgier längst vergessen haben, dass sie von lebenden Menschen reden.
- Die Fernsehmafia, die sich verschworen hat, um dumme Konsumententierchen heranzuziehen, die stumm vor der Mattscheibe ausharren und sich nur aus dem Sessel schälen, um die Kaufbefehle der Werbespots auszuführen.

Sie alle sind immer schuld, wenn die Kinder in der Schule versagen, und stehen auf Abruf bereit: Eltern erziehen (wenn überhaupt) ihre Kinder zu rücksichtslosen Karrieristen oder anspruchsvollen Leistungsempfängern, Lehrer sind ihren ungezogenen Schülern nicht mehr gewachsen, die Wirtschaft degradiert sie zu minderjährigen Markenfetischisten, und das Fernsehen gibt der Bildung sowieso den Rest.

Sollte also deshalb die Schule besser die Finger von der Erziehung lassen und sich aufs Kerngeschäft beschränken – Vokabeln, Formeln und Geschichtszahlen pauken und früh mit Hilfe von Zensuren die Spreu vom Weizen trennen? Eltern reagieren doch ohnehin nur patzig auf Kritik an ihrem Verhalten und wollen sich nicht dreinreden lassen, vor allen nicht in ihren Erziehungsstil und schon gar nicht von den Lehrern. Das Terrain zwischen Lehrern und Eltern ist schwierig. Überall sind Tretminen versteckt, lauern Hinterhalte und tun sich Abgründe auf. Eine Dunstwolke aus verqueren Erwartungen, verhohlenen Ansprüchen und wabernden Missverständnissen hängt über dem Gelände.

Doch nicht nur Eltern unterschätzen Lehrer in ihren Fähigkeiten. Eine kleine, aber feine Studie aus den Südstaaten der Bundesrepublik bringt etwas Licht in den Nebel der Schuldzuschreibungen: Lehrer in Deutschland sind überzeugt davon, dass die Öffentlichkeit ihren Berufsstand für die Defizite im Bildungssystem verantwortlich macht. Das ergab eine Umfrage an baden-württembergischen Grund-, Haupt-, Realschulen und Gymnasien, die die aktuelle Selbsteinschätzung der Pädagogen erkundete. Im Rahmen des Forschungsprojekts »Ravensburger Jugend-Medienstudien« kommen die Professoren Gudrun Marci-Boehncke und Matthias Rath von der Pädagogischen Hochschule Ludwigsburg zu dem Schluss:

»PISA hat offenbar einer ganzen Berufsgruppe den Schneid abgekauft. Leistungsstarke Schüler brauchen aber starke Lehrer!«

Nicht das Bildungssystem an sich stecke in einer Wertekrise, sondern die Selbstwahrnehmung der Lehrerinnen und Lehrer an deutschen Schulen müsse gestärkt werden, so das Fazit der Forscher.

Und da liegt einiges im Argen: Unabhängig von ihrem Geschlecht, Alter, der Schulart oder dem Unterrichtsfach schätzten die befragten Lehrer das öffentliche Image von Lehrern als sehr schlecht ein. Sie gaben die Durchschnittsnote 4,6 auf einer Skala von 1 bis 6 für die vermutete Bürgermeinung, wobei 65 Prozent sogar die Note 5 oder 6 unterstellten. Allerdings fühlten sich die befragten Pädagogen durchaus von den Eltern ihrer eigenen Schüler anerkannt. Den Schwarzen Peter reichten die befragten Lehrer in zwei etwa gleich starken Gruppen weiter. Wer in Gewerkschaften und Interessenvertretungen organisiert ist, betrachtet die Bildungspolitiker als verantwortlich für die problematische Schulsituation in Deutschland. Nicht organisierte Lehrer sahen die Ursache der Bildungsmisere bei den Eltern der Schüler.

Und die Eltern? Politikerschelte dominiert vor Lehrerkritik, sagen die Autoren und verweisen auf die Zahlen des aktuellen »Bildungsbarometers« des Zentrums für empirisch-pädagogische Forschung der Universität Koblenz-Landau. Die Mehrheit der Bundesbürger (52 Prozent) nennt die Politik als hauptverantwortlich für die Bildungsmisere, das ergab eine repräsentative Befragung der bundesdeutschen Bevölkerung. Nur neun Prozent der Befragten sehen die Lehrer als Verursacher an. Das schwächelnde Selbstbewusstsein der Lehrer findet die Professorin Marci-Boehnke fatal:

»Nichts geht, wenn die Lehrerinnen und Lehrer nicht überzeugt sind, dass vor allem sie selbst bei ihren Schülern Bildungshunger wecken und erhalten müssen. Nur selbstbewusste Lehrer machen selbstbewusste Schüler!«

Und so viel Verachtung hat der Lehrer an sich nun wirklich nicht verdient, findet auch der im Jahr 2004 verstorbene Bildungsexperte und Hochschulprofessor Dietrich Schwanitz. Er räumt zwar ein, dass dessen Job beinahe unausweichlich zur Folge habe, dass der Lehrer leicht infantil werde, weil er das Bildungssystem zeitlebens nicht verlasse und sich Tag für Tag mit Kindern und Jugendlichen herumschlagen müsse – und ein ständiger Umgang färbe immer auf den Kommunikationsstil der Gegenseite ab. Aber: »Den Job würde kein Manager auch nur einen Monat durchstehen, ohne zu flüchten.« Schwanitz beschreibt in seinem Bestseller *Bildung. Alles was man wissen muss* das Betätigungsfeld des Lehrers so:

»Nämlich eine Horde lernunwilliger, ungezogener, an Fernsehunterhaltung gewöhnter Bestien für die Erhabenheit des deutschen Idealismus zu interessieren, während diese nichts anderes im Sinn haben, als Attacken auf die Würde des Lehrers zu organisieren. Von diesem täglichen Kampf gegen die schiere Unverschämtheit, die sadistische Bösartigkeit und die seelische Rohheit macht sich außerhalb der Schule niemand eine Vorstellung. Und das Abgefeimteste ist: Der Lehrer muss sich die Ungezogenheit und Ruppigkeit seiner Schüler auch noch selbst zurechnen lassen. Er ist selbst daran schuld, er hat seine Klasse nicht im Griff, sein Unterricht törnt die Kids nicht an, im Gegenteil, sie fühlen sich angeödet.«

Man möchte mal sehen, wie man mit Goethes *Iphigenie* die Kids antörnen soll, meint der Professor – sicher auch mit Blick auf einschlägige Erfahrungen als Unterrichtender – und legt den Finger auf die Wunde:

»Ein Mindestmaß an Zivilisiertheit der Kinder wird als selbstverständliche Mitgift des Elternhauses gar nicht mehr erwartet. Ihr Verhalten wird allein aus dem Unterricht erklärt, während sie in Wirklichkeit an Konzentrationsschwächen und Erziehungsdefiziten aus dem Elternhaus leiden.«

Von den Eltern an die Schule, von der Schule an die Politik, von da zu den Medien und wieder zurück in die Familien – wie eine heiße Kartoffel wird die Verantwortung für die Bildung weitergereicht. Für alles, was bei Kindern und Jugendlichen schiefläuft – von schlechtem Benehmen über magere Leistungen bis zu Rechtsradikalismus –, rotiert der Wanderpokal. Nach dem Motto: Es gibt viel zu tun, fangt ihr schon mal an, ersparen sich Eltern, Lehrer, Politiker, Wirtschaftsvertreter und Bildungsfunktionäre das Kehren vor der eigenen Tür.

So wird das nichts. Im kleinen Grenzverkehr zwischen

Schul- und Elternhaus herrscht ein meist unerfreulicher Schlagabtausch. Verschanzt im Schmollwinkel macht natürlich keiner den ersten Schritt, geht mit gutem Beispiel freiwillig voran und überlegt, was er selbst dazu beitragen kann, dass sich die Dinge zum Positiven entwickeln. Offenbar gibt es erhebliche Unstimmigkeiten zwischen den Akteuren von Erziehung und Bildung, die in großer Verunsicherung wurzeln: Wer ist eigentlich für Erziehung verantwortlich? Kann es angehen, dass der Schule aufgehalst wird, was in die Familie gehört? Oder dass die Familie auffangen muss, was in der Schule versäumt wird? Klar, Eltern legen den Grundstein. Idealerweise lehren sie ihre Kinder Respekt vor anderen, Rücksichtnahme und Gemeinsinn, wenigstens halbwegs ordentliches Betragen und gießen das Fundament disziplinierten Verhaltens, das dem Kind dereinst ermöglicht, etwas wie Lernen und Üben zu tun, weil es sein muss – und auch, wenn es keinen Spaß macht. Was aber, wenn nicht? Darf man Eltern dazu zwingen, ihre Kinder gut zu erziehen? All die kühnen Bögen der Bildung, die hohen Flure des Fleißes, der Beharrlichkeit und des gewissenhaften Arbeitens, die steilen Treppen des Leistungswillens und die Senkrechten des Ehrgeizes, die Balkone des Wissens und verspielten Giebel der noch unentdeckten Talente, die später die Einzigartigkeit des Gebäudes ausmachen – ein solides Reihenhaus, eine verspielte Villa, ein moderner Zweckbau oder ein weiträumiger Palast. Das alles kann ohne solide Basis nicht stehen. Darum muss die Schule ergänzend vermitteln; ohne Pünktlichkeit, Disziplin, Gesprächskultur und Leistungsfreude ist doch auch kein Arbeiten in der Schule möglich.

Eltern und Lehrer verstehen sich auf der Baustelle Erziehung höchstens ausnahmsweise als aufeinander angewiesene Gewerke. Sie begreifen oft nicht, dass sie gemeinsam für ihre Kinder und Schüler haften und besser beraten wären, wenn sie kooperierten, damit das Ergebnis sich sehen lassen kann. Dabei ziehen sie doch eigentlich an einem Strang – wenn auch leider viel zu oft an zwei verschiedenen Enden. Männer und Frauen passen mittlerweile manchmal wieder zusammen. Eltern und Lehrern steht diese Einsicht noch bevor.

Jahrhundertelang hat diese Arbeitsteilung, in der die Familie erzieht und die Schule bildet, ja auch irgendwie funktioniert. Doch da war das Ziel klarer umrisssen, die Marschrichtung vorgegeben: Die Obrigkeitsstaaten von Kaiser Wilhelm, Adolf Hitler und Erich Honecker brauchten Untertanen, keine mündigen, kritikfähigen, selbstbewussten Bürger, die imstande sind, die Achtung des anderen aus der Selbstachtung zu gewinnen, und die ihr Selbstvertrauen aus ihrer Fähigkeit zu einer verantwortlichen Lebensführung beziehen. Demokratische und pluralistische Gesellschaften wie unsere hingegen erlauben Eigentümlichkeit des Einzelnen, begrüßen Meinungsvielfalt, ertragen Beleidigungen und stellen auch im Hinblick auf die Werte, denen man sich verpflichtet, eine gewisse Wahlfreiheit anheim. Das ist schön, macht aber – frei nach Karl Valentin – auch viel Arbeit.

Kein Lehrer und kein Elternteil kann heute Kinder und Jugendliche einer Erziehung und Bildung unterwerfen, ohne sich fragen lassen zu müssen, was genau er damit eigentlich meint und wie er selbst es damit hält. Beide müssen sich um die Mitwirkung des zu Erziehenden bemühen und begründen, was sie fordern oder verbieten. Und beide müssen im Interesse der Kinder den bequemen Schmollwinkel verlassen und einen Konsens anstreben. Wer macht was?

Die Lage ist komplex, die Gesellschaft sowieso, und das Gelände, auf dem sich Eltern und Lehrer von Angesicht zu Angesicht gegenüberstehen, wirkt recht unübersichtlich. Könnte es sein, dass Eltern und Lehrer einfach keine Ahnung haben, wie sie miteinander reden sollen? Sind Dinge wie Gesprächsbereitschaft, Offenheit und die Fähigkeit, einander zuzuhören, zwischen den Protagonisten der Erziehung und Bildung abhanden gekommen? Vielleicht ist es einfach an der Zeit, zu klären, wer für was zuständig ist: Bildung ist die Aufgabe der Schule. Erziehung ist die Aufgabe der Eltern. Und Eltern zu erziehen ist nicht die Aufgabe der Politik.

3. Kapitel

Die Guten ins Töpfchen, die Schlechten ins Kröpfchen – wie im dreigliedrigen Schulsystem zwar nicht das Lesen, aber das Auslesen gelernt wird

Fragt man Christian Brüggemann nach der schlimmsten Zeit in der Erziehung und Ausbildung der eigenen Kinder, nennt er prompt die Schulzeit. Das geht sehr vielen Eltern ähnlich, wie auch wissenschaftliche Untersuchungen hervorheben. Wie kann das eigentlich angehen, fragt der Vater von sechs Kindern, aktuell dreien in der Schule, denn laut Artikel 6 des Grundgesetzes stehen Ehe und Familie doch unter dem besonderen Schutz der staatlichen Ordnung. Und das gesamte Schulwesen steht unter Aufsicht des Staates, so sieht es jedenfalls Artikel 7 vor.

»Ist dann also etwa nicht der Staat dazu verpflichtet, dafür zu sorgen, dass die Schulzeit der Kinder nicht die schlimmste Phase in der gemeinsamen Zeit von Eltern und Kindern wird?«

Ureigene Aufgaben der Schulen würden auf das Elternhaus abgewälzt, obwohl doch längst bekannt sei, dass viele Eltern aus verschiedensten Gründen den Kindern überhaupt nicht helfen können. Doch Brüggemanns Kritik geht noch viel weiter. Deutschland glänze leider vor allem durch falsche und viel zu frühe Selektion mit katastrophalen Folgen für die Volkswirtschaft. Den Schulempfehlungen der Grundschullehrer folgten die meisten Eltern, obwohl sie nachweislich zu 44 Prozent falsch seien. Korrigierende Elternentscheidungen wiesen demgegenüber eine 17-mal geringere Irrtumswahrscheinlichkeit auf.

Nun sollen die falschen Selektionen durch Lehrer sogar noch intensiviert werden: In Nordrhein-Westfalen soll nach der jüngsten Novellierung des Schulgesetzes der Elternwille nicht mehr maßgeblich sein, andere Bundesländer zögen sicherlich nach. Hinzunehmen sei das nicht, betont Christian Brüggemann und hat diesen neuerlichen Politikwahnsinn in eine Kampfansage übersetzt.

Christian Brüggemann ist ein freundlicher Rebell. Er ruft nicht zum Elternstreik auf, hegt keine Sabotagepläne und zettelt keine Aufstände an. Der ehemalige Lufthansa-Pilot kämpft mit dem Kopf, nicht mit der Faust. Oder besser mit zehn Fingern auf der Computertastatur und dem Telefon am Ohr. Das aber ausdauernd, zäh und mit guten Argumenten, die er gründlich recherchiert, sorgfältig zusammenstellt und als offenen Brief in alle Fraktionen der Landtage und des Bundestages schickt.

Kleinteilig rechnet er den verschiedenen Bildungspolitikern die Willkür der Bildungsbürokratien vor. Aus vielen OECD-Studien wie PISA und IGLU destilliert er die Belege dafür, dass »eins der größten Übel in Deutschland das Schul- und Bildungswesen« ist. Und aus den Fachabteilungen der Fraktionen wird zurückgeschrieben. »Unser dreigliedriges Schulsystem hat sich bewährt«, heißt es lapidar im Schreiben von Joachim Herrmann, dem Fraktionsvorsitzenden der bayerischen CSU. Und im Übrigen:

»Das hervorragende Niveau unserer Haupt- und Realschulen gewährleistet eine hohe Durchlässigkeit zwischen den verschiedenen Schulformen«, zitiert Christian Brüggemann aus dem mehrseitigen Antwortschreiben des bajuwarischen Bildungsexperten – »nur ein Beispiel für die markigen Sätze, mit denen ich hier dauernd konfrontiert werde«, sagt er, »nur Staatsparolen.«

Dass er gar nichts erreichen würde, sage ihm seine Frau. Und ja, niemals habe sich aufgrund seiner Initiative bisher etwas geändert.

»Ich glaube nicht, dass sich dieser oder jener Lehrer, mit dem ich zusammengerasselt bin, auch nur ein Jota geändert hat.«

Und trotzdem: »Momentan bin ich noch nicht frustriert.« Sein Engagement ist die logische Folge einer Erkenntnis:

»Wenn man nichts tut, wo soll das enden? Wer die Möglichkeit hat, von der Zeit und vom Kopf her, der muss sich dafür engagieren, dass dieses unmenschliche System aufgebrochen wird. Dazu will ich meinen Beitrag leisten.«

Notfalls über die Landesgrenzen hinaus …

Im Art. 2 des Zusatzprotokolls zur Konvention zum Schutze der Menschenrechte und Grundfreiheiten vom 20. März 1950 steht:

Recht auf Bildung

Niemandem darf das Recht auf Bildung verwehrt werden. Der Staat hat bei Ausübung der von ihm auf dem Gebiet der Erziehung und des Unterrichts übernommenen Aufgaben das Recht der Eltern zu achten, die Erziehung und den Unterricht entsprechend ihren eigenen religiösen und weltanschaulichen Überzeugungen sicherzustellen.

Es ist in Anbetracht derartig deutlicher Vorgaben völlig unverständlich, dass ein Land wie Deutschland, welches in der jüngsten Vergangenheit bereits mehrfach durch gravierende Verstöße gegen die Menschenrechte und Grundfreiheiten auffiel, nun erneut von der Menschenrechtskommission der UN beobachtet wird.

Am 13. Februar 2006 begann der UN-Sonderberichterstatter, Vernor Munoz, seine Überprüfungen in Deutschland. Hauptpunkt seiner Kritik ist das gegliederte deutsche Schulsystem, das besonders die Chancengleichheit bei Migranten gravierend verletze.

Einen ausführlichen Bericht will Munoz im nächsten Jahr der Bundesregierung und den Kultusministern vorlegen.

Einen offenen, sehr offenen Brief eines sehr engagierten Vaters bekommt er schon früher.

Office of the United Nations
High Commissioner für Human Rights
Palais Wilson
CH-1201 Geneva

Sehr geehrter Herr Munoz,
ich darf Ihnen meine Abhandlung über das Thema »Welche Auswirkungen hat das deutsche Schul- und Bildungssystem auf die Demographie« überreichen.
Wie Sie sicherlich wissen, hat Deutschland ein gewaltiges demographisches Problem mit Auswirkungen, die erst in einigen Jahren von Relevanz sind, aber bereits heute sofortiges Handeln der Politiker erfordern. Deshalb versuche ich mittels des Nachweises darüber, wie sehr die demographische Katastrophe auch vom deutschen Schul- und Bildungswesen abhängt, Änderungen zu bewirken. Bisher ohne Erfolg.

Die Borniertheit deutscher Politiker hat ein erschreckendes Ausmaß erreicht. Nachgewiesene Zusammenhänge zwischen der Behandlung unserer Kinder in den Schulen und dem immer geringer werdenden Wunsch nach Kindern werden von den Politikern ignoriert.
Die Behandlung unserer Kinder in den Schulen, besonders die zu ca. 50 Prozent falschen und unmenschlichen Selektionen in der 4. Grundschulklasse, sind nicht nur ein gravierender Verstoß gegen das deutsche Grundgesetz und die Konventionen zum Schutze der Menschenrechte und Grundfreiheiten, sondern stellen eine nicht mehr tragbare wirtschaftliche Belastung des Landes dar.
Als Vater von 6 Kindern im Alter von 6 Monaten bis 11 Jahren fühle ich mich verpflichtet, gegen die unmenschlichen Behandlungen der Kinder in Deutschland vorzugehen. Es sind längst nicht nur die Kinder von Migranten, die natürlich besonders unter solchen Schulsystemen leiden, sondern im Prinzip alle Kinder. Ausgenommen davon sind allerdings die Kinder von Akademikern oder Managern, die aufgrund von falschen Selektionen trotz ganz erheblicher eigener Minderleistungen immer wieder die besseren Plätze erhalten.
Bitte ergreifen Sie alle nur denkbaren Maßnahmen, um den deutschen Politikern den Widersinn ihres Handelns verständlich zu machen.

Mit freundlichen Grüßen
Christian W.-D. Brüggemann

Da Christian Brüggemanns Abhandlung »Welche Auswirkungen hat das deutsche Schul- und Bildungssystem auf die Demographie« ein erhellendes Licht auf die Misere an unseren Schulen wirft, soll sie an dieser Stelle in Auszügen einer breiteren Öffentlichkeit bekannt gemacht werden.

Wie sieht nun in den einzelnen Bundesländern die gängige Praxis aus? Das in Bayern praktizierte selektive Schulsystem, das nunmehr auch in Nordrhein-Westfalen eingeführt werden soll, sieht Selektionen in der 4. Jahrgangsstufe vor. Dies ist deshalb erstaunlich, weil durch IGLU ermittelt wurde, dass ca. 44 Prozent der von den Lehrern erstellten Schulempfehlungen für die weiterführenden Schulen falsch sind. Auch wurde durch Untersuchungen in Thüringen und NRW ermittelt, dass korrigierende Elternentscheidungen eine 17-mal geringere Fehlerhäufigkeit als die zu 44 Prozent falschen Schulempfehlungen aufweisen.

Spricht man mit den verantwortlichen Politikern über die gravierenden Verstöße gegen das Recht auf Bildung, so erhält man zunächst als Antwort, das selektive Schulsystem habe sich bewährt und sei darüber hinaus durchlässig.

Doch wie sieht diese Durchlässigkeit z.B. in NRW aus?

Im Schuljahr 2004/2005 wurden 16 200 Kinder heruntergestuft; 6700 vom Gymnasium auf die Realschule und 700 vom Gymnasium auf die Hauptschule. Ferner 8800 von der Real- auf die Hauptschule. Den Aufstieg zu höherer Bildung schafften aber nur 1350 Kinder. Auf 12 Abstiege kommt also nur 1 Aufstieg. Durch IGLU wurde ermittelt, dass Falschbeurteilungen in etwa gleichmäßig zu beiden Seiten hin erfolgen. Dementsprechend müssen Auf- und Abstiege gleich hoch sein. Kinder, die einmal zu niedrig eingestuft worden sind, schaffen im Regelfall den Aufstieg aber gerade nicht. Sie sind benachteiligt und werden sehr häufig zu Problemfällen.

Das durchschnittliche Alter der Kinder von ca. 10 Jahren ist für qualifizierte Beurteilungen einfach zu früh. Der Schulforscher Rainer Bloch von der Uni Essen ermittelte, dass 80 Prozent der Kinder, die auf dem Gymnasium scheiterten, eine Empfehlung ihrer Grundschule hatten, und Andreas Schleicher (PISA-Chef) wurde von seinem Grundschullehrer bescheinigt, für das Gymnasium ungeeignet zu sein. Herr Schleicher machte sein Abitur übrigens mit 1,0 und studierte in Deutschland und Australien Mathematik und Physik. Dieses Beispiel ist eins von vielen Hunderttausend.

Laut IGLU-Bericht 2004 sehen Schullaufbahnempfehlungen in Deutschland so aus:

Hauptschulempfehlungen erhalten in:	Gymnasialempfehlungen erhalten in:
Bayern 45,2%	Bayern 29,8%
Baden-Württemberg 29,5%	Baden-Württemberg 42,0%
Hessen 18,1%	Hessen 44,8%
Thüringen 10,8%	Thüringen 41,1%

(vgl.: IGLU-Bericht 2004, Seite 24)

Krasser können Willkür, bevölkerungspolitische Interessen einzelner politischer Gruppen, Falschauslese (häufig zu Gunsten von weniger geeigneten Kindern) und Verweigerung des Rechts auf Bildung nicht ausgedrückt werden. Die Eignung und Leistung der Kinder ist doch wohl in allen Bundesländern in etwa gleich. Um verstehen zu können, welche »christlichen und sozialen« Überlegungen besonders Bayern anstellt, bedarf es ausführlicher Erklärungen.

Bereits im IGLU-Bericht aus dem Jahr 2003 ist auf Seite 18 nachzulesen, dass Kinder mit größter Kompetenzstufe auf Hauptschulen landen und Kinder mit niedrigster Kompetenzstufe auf dem Gymnasium. Fast die Hälfte aller Kinder erhält nach dem IGLU-Bericht zum großen Teil sogar willkürlich falsche Übertrittsempfehlungen. Die Studie belegt, dass Kinder von Akademikern und Führungskräften ca. 4-mal eher (in Bayern 6,6-mal eher) eine Gymnasialempfehlung erhalten als die Kinder von Arbeitern – bei gleicher Leistung und Eignung versteht sich!

Auch im Landtag von Nordrhein-Westfalen gehen die Politiker davon aus, dass ca. 40 Prozent der Übertrittsempfehlungen falsch oder nicht optimal sind.

Dennoch denkt die Regierungskoalition von CDU und FDP überhaupt nicht daran, ihr Vorhaben zu überdenken.

Das selektive Schulsystem in Deutschland erreicht gerade nicht, dass homogene Klassen in den nachfolgenden Schulen entstehen. Doch gerade diese Annahme war Grund für die Einführung des selektiven Schulsystems. Diese Tatsache ist allen verantwortlichen Politikern bekannt.

Im erfolgreichsten Bildungsland (Finnland) könnte man noch guten Gewissens aufgrund der Lehrerqualität selektive Maßnahmen, wie sie jetzt in NRW beabsichtigt sind, akzeptieren. In Finnland werden nur 10 von 100 Bewerbern nach intensiver Eignungsprüfung zum Lehramtstudium zugelassen. Einem Qualitätsstudium – ganz im Gegensatz zum Studium in Deutschland. Doch gerade Finnland lehnt solche Selektionen kategorisch ab. In Anbetracht des finnischen Bildungserfolges eine interessante Feststellung. Der Erfolgsgrund ist neben der Qualität der finnischen Lehrer auch der Lehrauftrag, den Finnlands Lehrer haben. Dieser Lehrauftrag unterscheidet sich grundsätzlich von dem, was in Deutschland politisch gewollt ist. In Finnland soll jedes Kind durch Förderung zu einem möglichst guten Bildungsabschluss gebracht und gerade nicht durch falsche Selektionen zu einem dauerhaften Problemfall für die Volkswirtschaft werden.

In Deutschland ist das Grundübel, dass vornehmlich solche Lehrer und Beamte die deutschen Parlamente beherrschen (siehe Zusammensetzung Bundestag und Landtage), die dem Land eine nach persönlichen Interessen ausgerichtete Bildungspolitik aufzwingen, deren Folgen bereits heute nicht mehr bezahlbar sind. Obwohl es genügend nachvollziehbare äußerst positive Beispiele einer modernen, innovativen Schulpolitik auch in Deutschland gibt, stochert das Land zu 99 Prozent in einem muffigen Asservatengewölbe der Bildung herum.

Von den deutschen Lehrern werden Selektionen, so wie sie jetzt in NRW beabsichtigt sind, politisch verlangt. Nun lehnen viele Lehrer dies aber gerade deshalb ab, weil sie damit hoffnungslos überfordert sind, und andere Lehrer halten es für grundsätzlich falsch, Kinder in so jungen Jahren zu selektieren.

Dennoch gibt es genügend überzeugte »Selektoren«. Es ist in Bayern und nun auch in NRW Glückssache, welche Übertrittsempfehlung die Kinder erhalten.

Zur Erinnerung sei gesagt, dass in Deutschland Lehramt auch aus folgenden Gründen studiert wird: Halbtagsbeschäftigung, über 180 freie Tage pro Jahr, ein um ca. 40 Prozent höheres Einkommen, als es die Lehrer in anderen Industrieländern haben, beste Altersabsicherung, Beamtenstatus, Frühpensionierungen (bedingt durch das »Burn-out-Syndrom«) und kein Numerus clausus. Lehramt kann in Deutschland also jeder studieren, der einmal das Abitur in der Tasche hat. Darunter leidet die Qualität der deutschen Lehrer entscheidend.

Was erreicht das selektive deutsche Schulsystem insgesamt?

- 8,9% der Schulabgänger haben keinen Hauptschulabschluss
- 26,0% einen Hauptschulabschluss
- 40,5% einen Realschulabschluss (ca. 20% einen mäßigen bis schlechten)
- 24,6% erreichen die Hoch- oder Fachhochschulreife (vgl.: www.destatis.de)

155 000 oder 17,1 Prozent der 25-jährigen ehemaligen Schüler der Sekundarstufe II haben keine abgeschlossene Berufsausbildung, aber auch kein Abitur.

Noch katastrophaler sieht die Situation bei den Studienbeginnern aus: Sind dies in Deutschland nur 28 Prozent eines Jahrgangs, so hat Finnland 58 Prozent, die Niederlande 52 Prozent, Großbritannien 48 Prozent, die USA 44 Prozent, der OECD-Schnitt liegt bei 40 Prozent.

Nach der OECD-Studie ist nur noch Mexiko schlechter als Deutschland. Ab 2020 drohen an vielen Orten leere Hochschulen. In der EU fehlen ca. 500 000 Spitzenforscher, davon allein 50 000 in den zukunftsträchtigen Schlüsseltechnologien, und Deutschland ist davon besonders betroffen. Bayern importiert bereits heute jährlich ca. 4400 Akademiker, während die Kinder des Landes primär in Hauptschulen gesteckt und häufig zu Problemfällen für die Volkswirtschaft werden.

In Bayern werden die momentan schwächeren Kinder ganz schnell auf Sonderschulen abgeschoben, eine Schulart, die es in den erfolgreichen Bildungsländern nicht einmal gibt. Bayern erreicht damit, dass die besonders schwachen Schüler nicht in die PISA-Wertung kommen und das PISA-Ergebnis Bayerns verfälscht wird. Der Konrektor einer Grundschule in Niederbayern stellte sich mir gegenüber sogar als jemand hin, der durch Nichterfüllung der Abschiebequote von Kindern auf die Sonderschule etwas Besonderes geleistet habe.

Die richtige Würdigung des PISA-Ergebnisses unterbleibt in Deutschland ohnehin. Da immer wieder der Vergleich zu Finnland gesucht wird, sei gesagt, dass Finnland eine Halbtagsschule hat – also gegenüber den schnell zunehmenden Ganztagsschulen in Deutschland benachteiligt ist. Der Lehrplan sieht außerdem für die Halbtagsschulen Finnlands wesentlich weniger Unterrichtszeit vor, als es in Deutschland der Fall ist.

	Finnland	Deutschland
7- bis 8-Jährige	530	626
9- bis 11-Jährige	654	774
12- bis 14-Jährige	796	877
15-Jährige	858	899

Vergleich der jährlichen Unterrichtsstundenzahl in Finnland und Deutschland (vgl.: www.heidelberger-familienbuero.de/archiv/Finnland-und-Ganztagsschule.htm)

Wie katastrophal sähe erst das deutsche PISA-Ergebnis aus, würde man in Deutschland die Unterrichtszeit auf die in Finnland laut Lehrplan gebräuchlichen Stunden reduzieren und auch die Sonderschüler mit in die PISA-Wertung nehmen?

Berücksichtigt man alle relevanten Fakten, so kann gesagt werden, das deutsche PISA-Ergebnis ist in Anbetracht des finanziellen Aufwandes als extrem schlecht einzustufen – auch das von Bayern. Es macht keinen Sinn, so etwas schönzureden.

Belastungen der Familien

Die von den Familien zu tragenden Kosten im Bildungswesen müssen im Zusammenhang mit der Gesamtsituation betrachtet werden, in welcher sich Familien in Deutschland finanziell befinden.

Das größte Armutsrisiko in Deutschland sind Kinder. Die Verarmung der Familien hat dramatische Formen angenommen, und die Überschuldung vieler Haushalte ist eine Katastrophe. Haben Rentner noch Kinder zu versorgen, wird bei den Nullrunden, Rentenkürzungen, der Inflation und den zum Teil explosionsartigen Verteuerungen (Energie, Kraftstoff, Bekleidung, Bildung) keine Rücksicht auf die Situation von Rentnerfamilien genommen, die nur minimale Renteneinkommen haben.

Es muss befürchtet werden, dass die Politiker solche Situationen nicht einmal kennen.

Der Wissenschaftliche Beirat des BMFSFJ stellte bereits für das Jahr 1996 fest, dass die privaten Aufwendungen eines Ehepaares für ein Kind pro Monat betragen: Geldaufwand – 363 Euro; Zeitaufwand – 750 Euro.

Dies ist bis zum Alter von 18 Jahren des Kindes gerechnet. Die Kosten für ein Studium etc. sind darin nicht enthalten. Einen auch nur annähernd gerechten Ausgleich für solche Belastungen gab es nie. Selbst die Vorgaben des Bundesverfassungsgerichts zur Familienpolitik wurden nicht oder kaum erfüllt.

Dies alles geschah unter der Federführung von Renate Schmidt, der damaligen Ministerin des BMFSFJ. In ihrem Buch *S.O.S. Familie* geht Frau Schmidt sogar von noch höheren Belastungen aus. Hört man Frau Schmidt aber heute z. B. in der WDR-Sendung »Hart aber Fair«, dann ist von finanzieller Hilfe an die Familien nicht mehr viel zu hören.

Einen Ausgleich an die veränderten Lebensbedingungen in Deutschland, hervorgerufen durch die von den Politikern verursachten Situationen (Staatsverschuldung, Wiedervereinigung, Verteuerungen, Globalisierungsfolgen, Bildungskosten), hat es für die Familien auch nicht gegeben. Im Gegenteil: Familien wurden sogar als »Schmarotzer« beschimpft, und es entstand eine kinderfeindliche Umwelt. Hauptsächlich daran beteiligt waren DINKIS (double income, no kids – doppeltes Einkommen, keine Kinder). Gleichwohl sind es besonders die Kinderlosen, die sich im Alter auf den Generationenvertrag berufen und sich ihre oftmals erhebliche Altersversorgung (besonders ausgeprägt bei Politikern und hohen Beamten) von den Kindern der damaligen Familien bezahlen lassen, während die Eltern dieser Kinder im Alter am Hungertuch nagen müssen.

Der Barwert der bereits heute vorhandenen Pensionsverpflichtungen des Staates gegenüber den bestens versorgten »Staatsdienern« beträgt sechs Billionen Euro. Dagegen sind die Staatsschulden in Höhe von »nur« ca. 1,5 Billionen Euro ein Klacks.

Unsere Kinder können sich also bereits heute darauf einstellen, dass ein Großteil des von ihnen erarbeiteten Kapitals zur Abzahlung der von anderen Generationen gemachten Schulden verwendet wird und obendrein für fürstliche Staatspensionen der Politiker und Beamten dient. In diesem Zusammenhang stellt sich die Frage, ob ein Staat überhaupt berechtigt ist, Pensionszahlungen auf andere Generationen zu verlagern. Schließlich haben die jüngeren Generationen keine Möglichkeit, auf die Politiker einer anderen Generation einzuwirken. Mir erscheint deshalb eine höhere Vergütung der Politiker und monatliche Einzahlungen in einen kapitalgedeckten Pensionsfonds während ihrer Abgeordnetenzeit als sinnvollere Lösung.

In diese Situation hinein kommt ein Land wie z. B. Bayern und verlangt von den Familien zusätzlich auch noch Büchergeld und in Zukunft sogar Studiengebühren.

Nur die Teilnahme meiner 6 Kinder an den Klassenfahrten des Gymnasiums (3 Tage Schullandheim, 2-mal eine Woche Skifreizeit, 1 Woche Berlinfahrt und 1 Woche Abschlussfahrt) kosten mich einschließlich Taschengeld für Verpflegung etc. insgesamt 13 800 Euro (bei den momentan gültigen Preisen). Wissen das die Politiker überhaupt?

Gleichzeitig soll die Mehrwertsteuer zum 1. Januar 2007 um 3% erhöht werden, wodurch erneut Familien als Großverbraucher ganz erheblich belastet werden.

Auf der anderen Seite wurden die Lehrer in Bayern, die zusammen mit den Lehrern der Schweiz die höchstvergüteten Lehrer weltweit sind, mit einer »Leistungsprämie« bedacht. Diese »Leistungsprämie« ist wohl der Ausgleich dafür, dass die Lehrer in Bayern ihren Kopf für die negativen Folgen der bayerischen »Schulreformen« hinhalten und die von den Politikern gemachten Auflagen nach unten verkaufen und vertreten müssen.

Das deutsche Schulwesen hat gravierende Fehler in den entscheidenden Ausbildungsjahren, also in der Kindheit und frühen Jugendzeit. Eine Vorschule gibt es nicht flächendeckend, und das Personal der Kigas und Kitas ist nicht akademisch gebildet. Die Kenntnisse der deutschen Sprache sind bei den Betreuerinnen oftmals miserabel, und Orthographie ist für viele ein Fremdwort.

16 verschiedene Bundesländer machen mit eigenständigen Schulsystemen den Familien und Kindern das Leben schwer. Jedes Bundesland hat darüber hinaus bis zu ca. 30 verschiedene Schularten. So kennt man in Deutschland: Sonder-, Förder-, Grund-, Volks-, Haupt-, Realschulen und Gymnasien sowie Abendrealschulen und Abendgymnasien. Berufs-, Berufsober-, Berufsfach-, Fach-, Fachober-, Wirtschafts-, Wirtschaftsoberschulen, Kolleg und Fachakademie. Montessori-, Waldorf-, Internationale, Volkshoch- und private Schulen und Internate jedweder Couleur. Dann kommen noch die Fachhochschulen, Universitäten usw. in vielfältiger Ausführung.

Alle diese Schulsysteme haben eigenständige Verwaltungen und Infrastruktur.

Gab es noch 1960 an einem Gymnasium mit 900 Schülern nur einen Oberstudienrat (den Direktor), so ist dieser heute Oberstudiendirektor und hat 16 Studiendirektoren, 21 Oberstudienräte, 25 Studienräte und 8 Referendare unter sich.

Heute rächt es sich endgültig, bei der Zusammensetzung des Bundestages oder der Landtage nicht darauf zu achten, dass Volksschichten und Berufe paritätisch beteiligt werden.

Gibt es bessere Lösungen?

Die Frage muss eindeutig mit »Ja« beantwortet werden. Das beste deutsche PISA-Ergebnis erzielte z.B. die Helene-Lange-Schule in Wiesbaden. Diese Schule schlug selbst die Spitzenreiter Finnland und Korea in den jeweiligen Kompetenzen um Längen. Diese Schule ersetzt häufig den üblichen Fachunterricht durch Projekte. So wurde z. B. in der 9. Jahrgangsstufe fünf Wochen lang nur Theater gespielt.

Und trotzdem solch ein Erfolg ? Dazu die langjährige Schulleiterin: »Nicht trotzdem, sondern deshalb so gute Leistungen.«

Ebenso deutlich distanziert sich die Bodensee-Schule vom erfolglosen Prinzip deutscher Pädagogik. Die Bodensee-Schule ist eine Mischung aus Grund-, Haupt- und Werkrealschule. Zum Teil erfolgt die Finanzierung privat. Dennoch können nicht alle Aufnahmewünsche erfüllt werden. An dieser Ganztagsschule machen die Kinder im Durchschnitt ein Jahr früher als geplant ihren Abschluss. Der Grundtenor der Bodensee-Schule lautet:

> »Wir sind sicher, dass wir in vielen Bereichen unserer täglichen Arbeit mit Kindern Innovatives geleistet haben und auch weiterhin tun werden.«

Die Lehrer dieser Schule unterscheiden sich nachhaltig vom deutschen Einheitspädagogen. Der Rektor der Schule macht kein Hehl daraus, dass diese Schule einen ganz anderen Typus Lehrer erfordert. Vergleicht man nur einmal den Umgangston zwischen Lehrern und Kindern an der Bodensee-Schule und anderen deutschen Schulen, wird der Unterschied schnell deutlich. Das deutsche Schulsystem ist leider weit vom Niveau der

Bodensee-Schule entfernt. Die Unterrichtsmethode und Gestaltung, der Umgangston und der Erfolg der Bodensee-Schule erinnern stark an das Schulsystem Finnlands.

In Finnland wird allerdings mittels Halbtagsschule und der wirklich erfolgreichen Förderung durch fachlich qualifizierte Lehrer das beste Ergebnis weltweit erreicht. Das schafft auch die Bodensee-Schule (noch) nicht.

Ein Meilenstein zum Erfolg ist bei der Bodensee-Schule darin zu sehen, dass es keine festen Stunden mehr gibt. Die Pausenklingel wurde abgeschaltet und Themen werden nicht einfach abgebrochen und erst in Tagen erneut aufgenommen. Weiterhin ist an der Schule die Teamarbeit wesentlicher Bestandteil der gesamten Ausbildung.

Frontalunterricht wie zu Großmutters Zeiten ist unbekannt. Damit wird eine ganz wichtige Voraussetzung für späteren beruflichen Erfolg bereits in der Schule gelegt. Doch wie sieht heute die Unterrichtsgestaltung besonders in bayerischen Schulen aus? Frontalunterricht, gerade kein Teamwork, Pausenklingel – Ende!

Betrachtet man einmal den Internetauftritt der Bodensee-Schule, so fällt einem auf, dass neben einer umfassenden Information vor allem die positive Schilderung der Zielsetzung dieser Schule genannt wird.

Klassenwiederholungen

Laut Statistischem Bundesamt wiederholen im Durchschnitt 2,8 Prozent der Kinder ihre Klassenstufe.

In 8 von 16 Bundesländern sind das wegen des bevorstehenden Abiturs hauptsächlich die Klassen 11 und 12. Die Wiederholungen geschehen häufig freiwillig.

In 6 Bundesländern sind es die Klassen 8 und 9 wegen des bevorstehenden Endes der Haupt- bzw. Realschule.

Doch in Bayern wird hauptsächlich die 5. Klasse wiederholt, und zwar im Durchschnitt von 8,6 Prozent der Kinder.

In vielen erfolgreichen Bildungsländern gibt es kein »Sitzenbleiben«. Der Grund dafür ist einfach: Die durch Wiederholung einer Klassenstufe entstehenden Kosten sind in der heutigen Zeit nicht mehr tragbar. Die Kosten bestehen einerseits aus den reinen Kosten, die für einen Schüler pro Jahr aufgebracht werden müssen. Sie betrugen in Deutschland im Jahr 2003 im Durchschnitt 4600 Euro pro Schüler (3900 an Grundschulen, 5400 an Gymnasien und 11 700 an Sonderschulen). Bei ca. 250 000 »Sitzenbleibern« im Jahr 2003 macht allein dies 1,15 Milliarden Euro aus. Doch die Folgekosten, die aus einem verspäteten Berufseinstieg resultieren, sind wesentlich höher. Man kann davon ausgehen, dass die Gesamtkosten pro Jahr im zweistelligen Milliardenbereich liegen.

Dieses Geld dazu verwendet, zusätzliche Förderlehrer nach dem Vorbild Finnlands einzustellen und das Bildungsniveau dadurch erheblich anzuheben, würde bewirken, dass auch in Deutschland »Sitzenbleiben« überflüssig wird und dennoch erheblich gespart werden kann. Die Wiederholung eines Schuljahres ist darüber hinaus demotivierend und führt fast nie zu besseren Leistungen. Gegenteilige Behauptungen berücksichtigen offensichtlich nicht die Psyche der Kinder.

Es gibt nur ein Problem: Wie will man eine derartige Reform den deutschen Kisten- und Betonköpfen vermitteln?

Zusammenfassung

Das deutsche Schul- und Bildungswesen verschlingt einen beachtlichen Teil des vom Volk erarbeiteten Kapitals. Dieses Kapital fließt zum großen Teil in den gigantischen Verwaltungsapparat der verschiedensten Ebenen der Schulverwaltungen von 16 Bundesländern sowie des Bundes. Etwa 30 verschiedene Schulformen pro Bundesland sorgen darüber hinaus dafür, dass dort, wo dringend Kapital benötigt wird, nämlich in der Grundbildung unserer Kinder, immer weniger ankommt und als Folge Unterrichtsausfälle ohne Ende auftreten. Obwohl gemäß Grundgesetz und der Konventionen zum Schutze der Menschenrechte und Grundfreiheiten eindeutig geregelt ist, in welchem Umfang die Eltern die Zukunft ihrer Kinder bestimmen können, wird über selektive Maßnahmen des Staates erreicht, dass der Elternwille häufig in den Hintergrund tritt. Dies ist besonders deshalb tragisch, weil die Selektionen durch die Schulen in der 4. Jahrgangsstufe zu fast 50 Prozent falsche Beurteilungen sind.

Die Folgen sind nicht nur für die falsch beurteilten Kinder und ihre Eltern eine Katastrophe, sondern auch für den Staat und die Wirtschaft.

Während in vielen erfolgreichen Bildungsländern Wiederholungen von ganzen Jahrgangsstufen ausgeschlossen sind, aber diese Länder dennoch einen deutlich höheren Bildungsstandard haben als Deutschland, gehört »Sitzenbleiben« im deutschen Schul- und Bildungswesen zum »guten Ton«.

Dies ist deshalb erstaunlich, weil dadurch im Regelfall keine Leistungsverbesserungen bei den Kindern erreicht, aber Jahr für Jahr Milliardenbeträge in den Sand gesetzt werden. Milliardenbeträge, die man dringend an anderer Stelle im Schul- und Bildungswesen benötigt.

Die finanziellen Belastungen der Eltern bis hin zur Verarmung von Familien und Kindern sind im heutigen Deutschland von den Politikern gezielt herbeigeführt worden. Ständig neue Kürzungen der bisherigen Unterstützung, dramatische Verteuerungen und Neueinführungen wie Büchergeld, Studiengebühren usw. treiben die Familien in den Ruin. Dies geht sogar so weit, dass z.B. zum Vorteil von Doppelverdienern in einer Familie umfangreiche finanzielle Besserstellungen beschlossen werden, die letztlich durch die Einschnitte bei den bereits ärmeren Familien mit nur einem Einkommen finanziert werden. Schließlich haben sich die Eltern in extrem vielen Fällen mit Schulen und Lehrern deshalb herumzuschlagen, weil der eigentliche Lehrauftrag an den Schulen nicht erfüllt wird und die Eltern das mit ihren Kindern nachholen müssen, was in der Schule versäumt wurde.

Kurzum: Die gesamte Situation im deutschen Schul- und Bildungswesen ist reformbedürftig. Dies allerdings gerade nicht in dem Sinn, wie bisher »Reformen« beschlossen und umgesetzt wurden.

Verbesserungsvorschläge

- Totale Auflösung der gesamten Verwaltungsebenen im Schul- und Bildungswesen. Zuständigkeit *eines* Bundesministeriums für Bildung, Schule, Familie und Kinder. Einführung der wirtschaftlichen Selbstständigkeit aller Schulen für ganz Deutschland.
- Leitung der Schulen durch Schulverwaltung, Lehrer, Eltern und Schüler.

- Über Einstellung bzw. Entlassung von Lehrern entscheidet ein Gremium der jeweiligen Schule, bestehend aus Schulverwaltung, Lehrern, Eltern und Schülern.
- Einführung einer leistungsorientierten Schule nach dem Vorbild Finnlands mit Zweiteilung in den gymnasialen und beruflichen Zweig in der 9. Klasse.
- Angebot der gängigen Berufsausbildungen im beruflichen Zweig mit entsprechendem Abschluss.
- Auflösung der Unzahl von beruflich orientierten oder Abendschulen.
- Gymnasialer oder beruflicher Zweig können nach zwei, drei oder vier Jahren, je nach Leistung, beendet werden.
- Anschließendes Studium ist von beiden Zweigen aus möglich.
- Jahrgangsstufenwiederholungen sind ausgeschlossen.
- Kleine Schulgrößen mit max. ca. 500 Schülern.
- Klassengrößen von max. 20 Kindern.
- Zusätzlicher Förderlehrer in jeder Klasse anwesend.
- Keine Einteilung der Stunden im 45-Minuten-Takt, sondern nach Bedarf.
- Kein Frontalunterricht.
- Teamwork, wann immer dies möglich ist.
- Einführung einer Vorschulklasse.
- Schulbeginn erst, wenn die deutsche Sprache dem Alter entsprechend beherrscht wird.
- Bereits in der Vorschule und im Kindergarten vorbereitende Ausbildung der Kinder.
- Für Betreuerinnen und Betreuer ist ein akademischer Abschluss erforderlich.

Zum leider nicht guten Schluss noch einen markigen Satz aus dem 1. Elternbrief des Gymnasiums (Schuljahr 2006/2007), an welches meine zwei älteren Kinder gehen:

»Die Erziehungsberechtigten sind ferner verpflichtet, die Erziehungsarbeit der Schule zu unterstützen (Art. 76 Bay EUG).«

Ich frage mich wirklich, welche »Erziehungsarbeit« damit gemeint ist. Etwa die, dass die Kinder in Bayern von der Polizei zwangsweise zur Schule gebracht werden, wenn sie schwänzen?

Fragen an die Politiker

Wie vereinbaren Sie das alles mit Ihrem Gewissen und Ihrem Verfassungsauftrag? Wollen Sie mit der »Produktion« von ungebildeten Menschen billige Arbeitskräfte für die Zukunft schaffen? Ein Land kann nur so erfolgreich sein, wie die Menschen des Landes gebildet sind. Deutschland ist zum überwiegenden Teil ungebildet und deshalb erfolglos. Was sind also die tatsächlichen Ziele der Politiker?

»Nicht Politik verdirbt den Charakter, sondern verdorbene Charaktere verderben die Politik.«
Johannes Rau

Teil II

Die Betroffenen

4. Kapitel
Die Jugend von heute

»Die Jugend liebt heutzutage den Luxus. Sie hat schlechte Manieren, verachtet die Autorität, hat keinen Respekt vor den älteren Leuten und schwatzt, wo sie arbeiten sollte. Die jungen Leute stehen nicht mehr auf, wenn Ältere das Zimmer betreten. Sie widersprechen ihren Eltern, schwadronieren in der Gesellschaft, verschlingen bei Tisch die Süßspeisen, legen die Beine übereinander und tyrannisieren ihre Lehrer.«

Das klingt ein bisschen wie der Stoßseufzer eines Burn-out-gefährdeten Lehrers kurz vor der Frühpensionierung. Oder ein grimmig-eloquentes Resümee eines Lehrerfunktionärs, der auf der Suche nach Gründen für die PISA-Blamage außerschulisch fündig geworden ist und nun vor dem selbst- und standeskritischen Nachdenken über auch nur das allerkleinste Schulreförmchen dieses in markige Worte für das Erzieherversagen einer ganzen Elterngeneration kleidet.

Dabei ist das Lamento über die Schüler uralt: In der Zusammenfassung etlicher verstreuter zorniger Bemerkungen über die Ungezogenheit der Kids im Athen des fünften vorchristlichen Jahrhunderts legt Platon in seinem achten Buch *Vom Staat* seinem Lehrer Sokrates diese Worte in den Mund. Der Wunsch, besonders die nachwachsende Generation möge die Vernunft der älteren annehmen und sich der allfälligen Belehrung nicht allzu renitent verwehren, durchzieht die Klagelieder über Schüler seit sehr langer Zeit. Das kann man so oder so lesen. Wenn schon vor über 3000 Jahren im alten Ägypten geschimpft wird:

»Affen werden leichter gezähmt, Pferde schneller abgerichtet und Löwen eher gebändigt, als ein Schüler belehrt wird«,

waren die Schüler dann wirklich so schlimm oder schafften es die Lehrer nicht, ihnen etwas beizubringen? Auch ohne sehr viel über Schulstrukturdebatten unter Pharaonen, Ausbildungsdefizite der Referendare am Nil oder auffälliges Verhalten kleiner Ägypter zu wissen, steht zu vermuten, dass es noch nie besonders leicht war, Schüler zu belehren. Wo wie in der Schule Ungelernte auf Unerfahrene treffen, werden schnell Klagen laut, machen Vorwürfe die Runde, werden Schuldige gesucht und waschen sich Verantwortliche die Hände in Unschuld. Ob man sagen kann, dass ein Schüler die Klasse nicht geschafft hat, oder ob man sagen muss, dass es seine Lehrer nicht geschafft haben, seine Talente zu entfalten, ist bis heute strittig.

Auch im Mittelalter schien die Klientel dem Lehrer schwierig und alles andere als brav, leistungsbereit und anpassungswillig:

»Die Schüler geben durch Aufläufe, Geschrei, Schlägereien, Rempeleien, Spiele und Buhlschaften Ärgernis«,

beschreibt die *Geschichte des deutschen Volksschullehrerstandes,* was den Lehrern zu jener Zeit das Leben und Lehren erschwerte.

Nichts Neues also, wenn heute wieder landesweit der Kopf geschüttelt wird über die Schüler, denen offensichtlich alles Mögliche fehlt, was man braucht, um ordentlich unterrichtet zu werden. Nur die Worte für den Mangel sind andere: Aggression, auffälliges und abweichendes Verhalten, Konzentrations- und Disziplinschwierigkeiten, Leistungs- und Teilleistungsstörungen machen aus einem Kind einen schwierigen

Schüler. Gestört, verwahrlost, vernachlässigt, halbstark, erziehungsschwierig – mit diesen Merkmalen sind heutige Schülerpopulationen schnell beschrieben und noch schneller zum Zukunftsrisiko hochgerechnet.

Für sich allein genommen wäre kein Einzelfall auffälligen Verhaltens oder schulischen Versagens ein Beleg für den fortschreitenden Untergang des Abendlandes. Doch zwischen 15 und 25 Prozent schwanken die aktuellen Schätzungen über den Anteil der schwierigen Schüler, mit denen Bildungstheoretiker, Schulpraktiker und eine ganze Legion von Professionen und Professionellen aus dem pädagogisch-therapeutischen Komplex regelmäßig die Öffentlichkeit erschrecken. Unübersehbar groß ist die Zahl der professionellen Helfer geworden, die den immer weniger werdenden Kindern in wachsendem Ausmaß grundlegende Gestörtheiten attestieren und zu therapieren haben. Deren Wurzeln liegen ganz klar in einer Art großräumigen Erosion des Familienlebens – wahlweise ausgelöst durch die berufstätigen, alleinerziehenden Mütter, die abwesenden Väter, die angebliche Brüchigkeit familiärer Bindungen, die Delegation von Erziehungsaufgaben an die Schule, die Diskriminierung von Autorität, Leistung, Anstrengung, der mediale Overkill in Gestalt von Fernsehen, Computerspielen und Ablenkungselektronik auf allen Kanälen und das Verschwinden gemeinsamer Mittagsmahlzeiten in der Familie. Das alles gibt es, keine Frage. Doch braucht es zum Schulversagen nicht ein bisschen mehr als moderne Gewohnheiten wie Ehescheidungen, Fernsehen und zwischen Tür und Angel essen? Doch sobald man wagt, den Ursachen für die schlechten Schulleistungen der Kinder auch außerhalb der Familie nachzuspüren, springt einem ein Dutzend Experten an die Kehle, die sich gegenseitig überbieten mit Horrorberichten über den Zustand, in dem angeblich Zigtausende von Kindern heute morgens den Ranzen schultern. In einem nie da gewesenen Ausmaß werden Verhaltensweisen und Lernschwierigkeiten von Kindern mit Krankheitsnamen etikettiert, um dann in großem Stil den Eltern die Schuld in die Schuhe zu schieben und sie anschließend mit diesem Befund allein zu lassen. Diese Sichtweise unterschlägt, dass sogar die saumäßigsten Familien ihre Vorzüge haben, und unterstellt Eltern pauschal, dass sie jedenfalls es am wenigsten draufhaben, ihre Kinder zu erziehen, oder sich im Grund gar nicht um ihre Kinder kümmern wollen. Wir sind umstellt von Besserwissern, die feste Ansichten über die Probleme hegen, die das Aufziehen von Kindern nun mal mit sich bringt. Ständig erklären uns Politiker und andere Sonntagsredner, was ihrer Ansicht nach eine gute Mutter, einen verantwortungsvollen Vater ausmacht. Zugleich skandiert ein stimmgewaltiger Chor von Experten vermeintlich hilfreiche Erkenntnisse aus ihren verschiedenen Professionen, die wir bei Strafe des Versagens unserer Kinder besser peinlichst genau befolgen, statt einfach auf unsere natürlichen Fähigkeiten zu vertrauen und uns eine eigene, selbstbewusste Sicht auf die Dinge zu genehmigen.

Das ist doch verrückt: Während man Eltern einerseits für die Probleme (nicht nur in der Schule, aber da besonders gern) verantwortlich macht, spricht man ihnen andererseits die Kompetenz ab, sie zu lösen. Im Allgemeinen bezichtigt man Eltern zuerst der Unfähigkeit, um ihnen dann die schrecklichen Konsequenzen vor Augen zu halten, die ihr Versagen für das Wohlergehen und die Weiterentwicklung des Kindes bedeutet. Das funktioniert so: Zuerst destilliert man aus einer Fülle möglicher Faktoren, die beispielsweise für schlechte Schulleistungen verantwortlich sein könnten, einen einzigen heraus – beispielsweise das Fernsehen. Dann feiert man den schlichten Sachverhalt, dass Kinder, die zu viel fernsehen, zu wenig Zeit für die Hausaufgaben haben, als bahnbrechende Erkenntnis über einen Zusammenhang, der Eltern offenbar schleierhaft ist. Und liefert in eindringlichen Appellen, die Fernsehzeiten zu rationieren, die Schuldigsprechung der Eltern gleich mit – und alle anderen verantwortlich Mitwirkenden am Bildungsprozess wie etwa Lehrer und Politiker sind aus dem Schneider. Dasselbe Verfahren funktioniert bei Verhaltens- und Lernproblemen. Seelische Störungen von Kindern werden beinahe ausschließlich auf Fehler der Eltern zurückgeführt und flugs hochgerechnet. Schätzungen zufolge leidet heute schon ein Fünftel aller Kinder und Jugendlichen unter psychischen Problemen, dieser Anteil sei im Ansteigen begriffen, weswegen man im Übrigen mehr Geld für die Gesundheitsfürsorge benötige.

»Für ein Kind bedeutet seelische Gesundheit, dass es wachsen und sich emotional, intellektuell und psychisch entsprechend seinem jeweiligen Altern entwickeln kann.«

So lautet eine gängige Definition seelischer Gesundheit von Kindern, die zuerst 1999 von der Wohlfahrtsorganisation »British Mental Health Foundation« veröffentlicht wurde und sich seither in einer Flut einschlägiger Publikationen wiederfindet. Angesichts dieser weit gefassten Definition muss man sich wundern, dass der Anteil von Kindern mit psychischen Problemen, Entwicklungsauffälligkeiten, Ängsten und Depressionen nicht die 100-Prozent-Marke streift. Wenn man den Begriff seelische Störung nur weit genug fasst, passen viele Kinder hinein – auch die, die allenfalls mit völlig normalen Reaktionen auf widrige Umstände auffallen. Immer häufiger werden die alltäglichen Probleme von Kindern als Ausdruck emotionaler Deformationen gedeutet, für die natürlich die Eltern verantwortlich sind. Wer sonst?

Sigmund Freuds Idee, die frühen Erfahrungen und Erlebnisse eines Kindes würden seine gesamte Zukunft bestimmen, ist längst Allgemeingut geworden und in den vergangenen Jahrzehnten systematisch weiterentwickelt worden. Dass der Einfluss der Eltern das Schicksal der Kinder am allermeisten prägt, haben wir alle als Binsenwahrheit verinnerlicht. Die Unterstellung, dass inkompetentes Elternverhalten auf lange Sicht verheerende Folgen hat, ist nur die logische Konsequenz dieser Argumentation – mit dem schönen Nebeneffekt für andere Einflussgrößen, dass sie großzügig aus der Gleichung hinausgerechnet werden können. So lässt sich bequem praktisch jedes Verhalten von Eltern mit einem negativen oder positiven Ergebnis in Verbindung bringen. Da ist doch nicht weiter überraschend, wenn Eltern verängstigt reagieren und sich überfordert fühlen, weil ihnen eingeredet wird, sie allein besäßen die unermessliche Macht, zu nutzen oder zu schaden, zu fördern oder zu behindern. Die ganzen Behauptungen über den Entwicklungsverlauf in den ersten Lebensjahren lösen bei den Eltern wenig mehr als riesige Schuldgefühle aus, die aber ständig und überall lauern. Wenn es dann in der Schule schwierig wird, laufen Eltern augenblicklich zu Hochform auf und denken nicht einmal im Traum daran, dass das auch an der Schule liegen könnte. Nein, augenblicklich bezichtigen sie sich eigenen Versagens. Deshalb lasten unglaubliche Bürden auf den Schultern von Eltern, die versuchen, ihre Kinder vor dem endgültigen Untergang in der Schule zu bewahren. Die Situation wird durch die aufgeheizte öffentliche Diskussion immer verworrener.

»Die anhaltende Pathologisierung von Kindern, Eltern und Familien entspricht nicht deren Realität, sondern den Bedürfnissen und Interessen jener neuen Heerscharen von Psychologen, Sozial- und Diplom-Pädagogen, die ihr Wissen verwerten müssen. Sie, ihre Verbände und Institutionen verbreiten die alarmistischen Diagnosen, die letztlich immer auf den Punkt hinauslaufen, dass die Familie am Ende ist, dass die Eltern überfordert sind und dass alle ohne professionelle Hilfe und Oberleitung den Kindern nicht geben können, was sie brauchen«,

schreibt Katharina Rutschky in der *taz* vom 23. Oktober 1997.

»Eltern werden zu Laien, wissenschaftlich gebildete Experten zu den eigentlichen Übereltern stilisiert. Schritt für Schritt rücken sie aus der helfenden in die herrschende Position vor.«

Gegen die aktuellen Kinderkrankheiten helfen keine Impfungen. Sie verlaufen fieberfrei und lassen Eltern schuldbewusst die Köpfe senken, wenn sie pflichtschuldigst den Nachwuchs beim Fachpersonal vorstellen. Und wahrscheinlich sind es auch die aktuellen Kinderkrankheiten, die bundesdeutsche Bildungslandschaften in naher Zukunft versteppen lassen, weil die Eltern sich wieder einmal nicht genug um ihre Kinder gekümmert haben. Dass Kinder nun mal so sind, aufsässig, schüchtern, schwatzhaft, verträumt oder quirlig, traut man sich gar nicht mehr zu sagen. Dass sie so sind, wie sie sind, und man sie – auch als Lehrer – nehmen muss, wie sie sind, gehört zu den eher lästigen Zwischenrufen, mit denen man die Expertendiagnosen nicht wirklich erschüttern kann. Und auch der Hinweis auf die Verhältnisse erschüttert kaum eine Diagnose, sei es ADS, sei es Adipositas, oder lenkt zur eigentlichen Frage hin, was in der

Schule geschehen könnte, um die Bewegungslust von Kindern da abzuholen, wo sie entsteht. Längst pfeifen doch alle Spatzen von den Dächern, dass Sport eine ideale Methode ist, um Ängste in den Griff zu kriegen und Fähigkeiten zu erwerben, mit denen man Belastungen und Wettbewerb bewältigt, gesellschaftliche Spielregeln einübt und Fairness lernt. Nur an der Umsetzung hapert es.

Fehlt es Kindern doch heute oft an mehr als an einer soliden Krankheitsbezeichnung: an Freiräumen zum unbeaufsichtigten Spielen, an Aufmerksamkeit, Zuwendung und Zeit, geregelten Mahlzeiten und Schlaf, strukturierten Tagesabläufen und Bewegung – ja, aber es fehlt in den allermeisten Schulen auch am Sportunterricht. Das hat die »Sprint«-Studie des Deutschen Sportbundes ergeben, eine Art PISA-Untersuchung für den Sportunterricht, die 2004 veröffentlicht wurde. Sportwissenschaftler befragten 8800 Schüler zwischen 10 und 15 Jahren, 4400 Eltern und über 1100 Schulleiter aus Grund- und Oberschulen verschiedener Bundesländer über ihre Zufriedenheit mit dem Sportunterricht.

Dabei stellte sich heraus, dass in den meisten Bundesländern zwar drei Stunden Sport in der Woche auf dem Stundenplan stehen, aber nur zwei stattfinden. Vor allem an Hauptschulen fällt der Sportunterricht überdurchschnittlich oft aus. Und wenn nicht, dann unterrichten oft Lehrer, die dafür gar nicht ausgebildet sind. Auch in den Grundschulen ist das ein Problem: Gerade da, wo der Grundstein für eine lebenslange Sportbegeisterung gelegt werden könnte, unterrichten Deutsch- und Mathelehrer Sport. In allen Schulen gibt es zu wenig junge Lehrer, auch das hat die Sprint-Studie erbracht. Der Sportlehrer ist durchschnittlich 45 Jahre alt, aus Geldmangel werden kaum junge Kollegen eingestellt.

Den Kindern bleibt da nur das Wünschen: neben Leichtathletik, Turnen und Ballspielen hätten sie gerne Trendiges in der Turnhalle – Skateboardfahren, Akrobatik oder Breakdance. Sie würden sich nämlich gerne beim Sport mehr anstrengen müssen und häufiger etwas Neues lernen wollen, auch das gaben sie den Sportwissenschaftlern zu Protokoll.

*

Die Befindlichkeiten und Beschwerden von Schulkindern sind nicht neu und mit Zappelphilipp und Suppenkasper längst Literatur geworden. Und wahrscheinlich immer schon gab es auch den Schulschwänzer, den Duckmäuser, den kleinen Trauerkloß, den Raufbold und den kummerspeckigen Nimmersatt. Zum Repertoire des Leidens zählen außerdem noch Nägelkauen und Bettnässen, Stottern und Lispeln, Magersucht, Verdauungs- und Schlafschwierigkeiten, aber auch Lern- und Konzentrationsstörungen, die vielleicht einen klitzekleinen Defekt im Gehirn (Minimale Cerebrale Dysfunktion) zur Ursache haben, und sei es eine leibseelische Irritation namens POS (Psychoorganisches Syndrom), dem diagnostischen Vorläufermodell von ADS (Aufmerksamkeits-Defizit-Syndrom).

Vielleicht ist die grassierende Kinderkrankheit auch dem Umstand geschuldet, dass Eltern heute mit der Erziehung ihrer Kinder komplett überfordert sind und von allen Beteiligten selbstredend am wenigsten Ahnung haben, wie man mit Kindern umgeht. Die Sammeldiagnose, die für die meisten Eltern wie ein Befund zwischen persönlichem Manko und gesellschaftlichem Makel klingt, heißt: Verhaltensstörung. Teilleistungsstörung. Lernstörung. Was haben wir nur falsch gemacht?

Verhaltensstörungen, so melden die Lehrer von der Schulfront, die Kinderärzte und Therapeuten aus ihren Praxen, seien stärker verbreitet als je zuvor und grassierten heftiger als klassische Kinderkrankheiten wie Mumps und Masern. Dabei wird offenbar vieles, was noch vor wenigen Jahren als normale kindliche Unart durchgehen mochte, mittlerweile als psychopathologisches Syndrom eingestuft – und damit als behandlungsbedürftige Krankheit, für die sich ein Strauß von Auffälligkeiten in griffigen Kürzeln bündeln lässt: ADS, MCD, POS & Co. machen unseren Kindern und uns Eltern schwer zu schaffen und geben einen veritablen Grund ab, warum das Unterrichten heute so schwierig geworden ist. Dabei kommt kaum jemandem in den Sinn, danach zu fragen, warum man – frei nach Brecht – den Fluss reißend nennt, aber nicht das Ufer, das ihn beengt.

★

Gemessen am pathologischen Raster und verloren im Bermudadreieck von Legasthenie, Dyskalkulie, ADS mit und ohne Hyperaktivität, Lernstörungen und Verhaltensproblemen bietet die Jugend von heute ein wahrhaft erschreckendes Bild:

Jeder fünfte Grundschüler, so jüngste Schätzungen, gilt als schwer verhaltensgestört – als Problemkind mit so massiven Symptomen, dass es ohne therapeutische Hilfe kaum zurechtkommt.

Drei Kinder pro Klasse, die an Legasthenie leiden, damit habe ein Lehrer zu rechnen, statistisch gesehen – sagt Ilona Löffler, die vor dreißig Jahren das Kinderzentrum für Entwicklungs- und Lerntherapie ins Leben rief.

Zwischen 3 und 9 Prozent aller Kinder sollen von ADS mit und ohne Hyperaktivität betroffen sein. Tendenz steigend: Im

Jahr 1985 wurde in Deutschland von 100 000 Kindern eines mit Ritalin behandelt, dem konzentrationsfördernden Methylphenidat. Im Jahr 2000 galt bereits eines von hundert Kindern als Ritalin-bedürftig, zitiert Elisabeth von Thadden in der *ZEIT* vom 10. August 2006 den Arzt und Sozialmediziner Hartmut Amft.

Der Sammelband *ADHS. Frühprävention statt Medikalisierung,* in dessen Rahmen Amfts Aufsatz erschienen ist, lässt verschiedene Experten zu Wort kommen. Die Herausgeberin und Direktorin des Sigmund-Freud-Instituts in Frankfurt, Marianne Leuzinger-Bohleber, betont:

»Es gibt bislang kein einziges Verfahren, mit dem eine objektive Unterscheidung mittels naturwissenschaftlicher Methoden zwischen einem hirnstoffwechselgestörten ADHS-Kind und einem nicht hirnstoffwechselgestörten normalen Kind möglich wäre.«

Hartmut Amft nimmt in seinem Aufsatz an, dass etwa bei 90 bis 95 Prozent der Kinder mit ADHS-Symptomatik kein Grund für eine Verschreibung von Ritalin besteht.

Wenn es allerdings fast unmöglich ist, gesunde von kranken Kindern zu unterscheiden, liegt der Verdacht nahe, dass gewisse inflationäre Diagnosen ein gigantisches Ablenkungsmanöver bemänteln, in dem der Anteil einzelner Beiträger zum Schaden in einem Aufwasch großen Schuldzuweisung an die versagenden Eltern verschoben wird, die das segensreiche therapeutische und pharmazeutische Tun dann schließlich bezahlen müssen. Es sieht eben schnell alles wie ein Nagel aus, wenn man erst mal einen Hammer in der Hand hat.

Damit spreche ich mich nicht etwa gegen die medikamentöse Abhilfe bei ADS in Gestalt von Psychopharmaka wie

Ritalin aus, aber eben auch nicht dafür – sondern allein dafür, die Verhältnisse genauer wahrzunehmen, die sich althergebrachten Mustern nicht fügen und eigentlich andere Antworten als pharmazeutische Verabreichungen und elterliche Kollektivschuld verlangen.

Die Zunahme von wahrgenommenen kindlichen Auffälligkeiten könnte schließlich auch ein Seismograph kindlicher Nöte unter postmodernen Lebensbedingungen sein, gibt der Sozialpädagoge Dieter Mattner in seinem Beitrag zu bedenken. Für Eltern und auch für Lehrer bedeutet die Diagnose von ADHS oft eine willkommene Entlastung von der quälenden Frage, was sie anders machen müssten und wofür sie selbst, die Gesellschaft, die Schule oder eine komplizierte Mischung aus allem die Verantwortung tragen.

»Wer meinte, der kindlichen Zappeligkeit müsse doch auch ohne Ärzte und Therapeuten abzuhelfen sein, kann durch dieses Buch lernen, dass dieser Weg nicht allen offensteht«,

schreibt Elisabeth von Thadden. Und weiter:

»Sicher, souveräne Lehrer, einfallsreiche Schulen, kindgerechte Stadtplanung und vor allem gelassene Eltern vermögen viel und haben die Vernunft auf ihrer Seite. Vernunft, das heißt aber auch: Zeit haben, die sich keiner nimmt. Geduldige Klugheit aufbringen, wo alles nach Effizienz geht. Individualität gewähren, wo alles nach Anpassung ruft. Dauerhaft basteln, wo alles für prompt machbar gehalten wird.«

Eine Lerntherapeutin beschreibt das Problem in einem Brief an mich so:

»Vor acht Jahren habe ich mich als Lerntherapeutin niedergelassen. Mutigerweise (vielleicht auch eher mit Blauäugigkeit zu erklären) in Baden-Württemberg. Hier kannte man den Berufsstand nicht, oft habe ich mich belächeln lassen müssen. Inzwischen konnte ich mich etablieren und habe auch schon einige Kolleginnen gefunden. In diesen Jahren habe ich erlebt, wie Schule mit Kindern umgeht, die unter Legasthenie oder Dyskalkulie – im schlimmsten Falle unter beidem – leiden. Diese Kinder werden bevorzugt Opfer von lehrerlicher Häme und Willkür. Schlimmer finde ich aber noch, dass die Eltern, die sich von der Schule Beratung und Unterstützung erhoffen, so schrecklich im Stich gelassen werden. Die Leidenswege der betroffenen Familien sind oft unerträglich lang, die psychischen Schäden sind meist größer als die ursprüngliche Lernstörung. Obwohl ich eigentlich damit beschäftigt sein sollte, die Lautdifferenzierung zu trainieren und Mengenbilder in Kinderhirnen zu installieren, verwende ich einen nicht unerheblichen Teil meiner Zeit darauf, die Schäden, die Lehrer angerichtet haben, zu reparieren. In den meisten Fällen muss meine Leistung von den Eltern bezahlt werden. Ich warte auf den Tag, an dem ich Eltern zu einer Schadensersatzklage gegen eine Schule oder einen Lehrer motivieren kann!«

Überraschung: Es liegt doch am Fernsehen!

Die emsige wissenschaftliche Begleitung elterlichen Erziehungsversagens treibt mitunter eindrucksvolle Blüten. Es gibt Studien, die Phänomene des täglichen Lebens beinhart ergründen, um am Ende mit Ergebnissen und Erklärungen aufzuwarten, die uns schier die Sprache verschlagen. Man müsste sie glatt erfinden, wenn es sie nicht schon gäbe. Besonders gerne macht Christian Pfeiffer, ehemaliger Justizminister in Niedersachsen und Leiter des Kriminologischen Forschungsinstituts, aus seinen Forschungsergebnissen aufrüttelnde Botschaften.

Vor Jahren war das die Erkenntnis über den direkten Zusammenhang zwischen dem Töpfchen-Training in den Kinderkrippen der DDR und der späteren Neigung derart malträtierter Kinder, als Jugendliche dem Rechtsextremismus zuzuneigen.

Im Jahr 2003 identifizierte der Kriminologe die wachsende Medienverwahrlosung als Ursache von Schulversagen und Jugenddelinquenz. Da sich die gefährlichen Medien in den Haushalten befinden, in denen Kinder und Jugendliche heranwachsen, ist schon mal von vorneherein klar, wer die Verantwortung für diesen Missstand trägt – nicht die Schule, sondern die Eltern.

Dass zu viel Fernsehen Kindern nicht guttut – wie oft muss man Eltern das eigentlich noch mit Salz in den Rücken reiben? Wer viel vor der Glotze sitzt, wird dumm, danke, das wissen wir schon, und weil wir das nicht so gerne wollen, ringen wir täglich mit unseren Kindern in einem zähen Kampf um die Fernbedienung. Jede Familie trampelt sich doch in diesem verminten Gelände ihren eigenen Pfad, der zwischen 24-stündiger Dauerberieselung und Totalabstinenz einige durchaus gesunde und pädagogisch sinnvolle Abstufungen kennt. Und dann überrascht uns der Kriminologe Christian Pfeiffer – mitten im medialen Gebrummel um PISA II im Jahr 2003 – mit der Erkenntnis, dass eine direkte Linie vom Fernsehen zum Schulversagen und von da in die Kriminalität führt. Er meint, dass Deutschland aus guten Gründen im PISA-Test miserabel abgeschnitten habe. Denn jedes Jahr verjünge sich die Besitzerschaft von Fernsehgeräten, Computern, Playstations und DVD-Playern in den Kinderzimmern.

Wir erfahren, dass nicht allein die vor der Glotze verbrachten Stunden schädlich sind, sondern auch die Frage, wo das Fernsehgerät steht, hat erheblichen Einfluss auf das Gefährdungspotential der Glotze für die unschuldigen Gehirne unserer Kinder. So verfügen etwa die Hälfte der 13- bis 15-Jährigen über einen eigenen Fernseher in ihrem Zimmer, und bei den 16- und 17-Jährigen sind es knapp 70 Prozent. Auch das hat der Medienpädagogische Forschungsverbund Südwest, dessen Daten zur Mediennutzung Christian Pfeiffer deutet, festgestellt. Sogar fast jeder vierte 6-Jährige glotzt im eigenen Zimmer, wie und was er will.

Natürlich darf auch der Hinweis auf den Ost-West-Gegensatz nicht fehlen: 55 Prozent der 6- bis 13-Jährigen in den neuen Bundesländern haben einen eigenen Fernseher, in den alten sind es 28 Prozent in dieser Altersgruppe.

»Ja und?, fragen da die fernsehfreudigen Eltern. Was ist daran falsch?«,

malt sich der Leiter des kriminologischen Institutes die wahrscheinlichste Reaktion der dummen Eltern auf diese bahnbrechenden Ergebnisse aus. Die Antwort lässt nicht lange auf sich warten:

»Die Zahlen zeigen, dass sich durch die Verfügbarkeit über den eigenen Fernseher zunächst einmal die tägliche Fernsehdauer um etwa eine Stunde erhöht – werktags von zweieinhalb auf etwa dreieinhalb Stunden und an Wochenenden auf vier bis fünf Stunden. Diese Kinder verbringen damit bei uns pro Jahr mehr Zeit vor dem Fernseher als im Schulunterricht. Zu beachten ist: an 135 Tagen des Jahres haben sie schulfrei, und außerdem gehen die meisten nur halbtags zur Schule.«

Besonders die Jungen gucken laut Pfeiffer zu viel – und die schneiden ja auch bei Schulleistungsvergleichen bekanntlich schlechter ab als die Mädchen. Sie nutzten vor allem die 135 Abende vor den schulfreien Tagen dazu,

»bis weit in die Nacht hinein ohne Überwachung der Eltern das anzuschauen, auf was sie scharf sind – auf Filme nämlich, die von Experten des Jugendschutzes als jugendgefährdend eingestuft wurden und deswegen erst nach elf Uhr gesendet werden dürfen.«

56 Prozent der 12- bis 17-Jährigen tun das, und zwei Drittel nutzen auch noch regelmäßig Computerspiele, die aus demselben Grund für unter 18-Jährige verboten sind.

»Es scheint gerechtfertigt, davon zu sprechen, dass mindestens ein Fünftel der männlichen 12- bis 17-Jährigen in einen Zustand der Medienverwahrlosung geraten ist«,

folgert der Kriminologe, und damit kommt er der großen Zahl der Sitzenbleiber, Rückläufer und Schulabbrecher in Deutschland schon ziemlich nahe. Kommen wir zu den Auswirkungen, die das Glotzen auf die betroffenen Heranwachsenden hat:

»Zunächst einmal verarmt ihre soziale Existenz. Wer pro Tag in seiner Freizeit mehr als vier Stunden vor dem Fernseher oder dem PC verbringt, der versäumt das Leben. Ihm verbleibt weder genug Zeit dafür, regelmäßig in einer Fußballmannschaft zu trainieren und dann am Sonntag vielleicht zu lernen, wie man anständig verliert. Noch hat er genug Zeit, um wochenlang in einer Band oder einem Orchester zu üben und dann die Freude des gelungenen Auftritts zu erleben. Und er versäumt den erbitterten Streit mit seinen Spielkameraden und die tolle Erfahrung, dass man danach Wege findet, sich wieder zu versöhnen. Zwischenbilanz: Seine soziale Kompetenz wird nicht voll entwickelt.«

So weit, so gut. Aber das wirklich Überraschende fördert Christian Pfeiffers Analyse klar zutage:

»Wer täglich fernsieht, hat zudem kaum noch Zeit, die schulischen Hausarbeiten konsequent zu erledigen.«

Da könne es nicht verwundern, was sich aus den Schulstatistiken der letzten zehn Jahre ablesen lasse:

»Die Schulleistungen der Jungen werden immer schlechter.«

Mehr noch: Der Anteil der 16- und 17-Jährigen, die von der Polizei als Tatverdächtige registriert wurden, habe seit Mitte der achtziger Jahre von 2,1 Prozent auf 3,7 Prozent zugenommen.

»Das kann nicht überraschen, weil schlechte Noten nun einmal das Risiko erhöhen, in die Jugendkriminalität abzurutschen. Wer in der Schule keine Erfolgserlebnisse hat, sucht sie eben woanders.«

Bleibt unter anderem die Frage, woran es eigentlich liegt, dass Heranwachsende zu wenige Erfolgserlebnisse haben. An der Schule selbst kann es jedenfalls nicht liegen, wo doch der Fernsehkonsum allein für schlechte Leistungen verantwortlich ist. Das muss sich doch beweisen lassen. Und richtig: Zeit für eine große Befragung. Im Frühjahr 2004 befragt das Kriminologische Forschungsinstitut wiederum unter der Leitung von Christian Pfeiffer 6000 Kinder der vierten und 17 000 Schüler der neunten Klasse nach ihren Fernsehgewohnheiten und Schulleistungen.

Bis das Ergebnis dann im Sommer 2005 veröffentlicht werden wird, machen wir mal einen Abstecher nach Neuseeland, wo sich der wissenschaftliche Erkenntnisdrang amerikanischer Forscher ebenfalls auf dem vermuteten Zusammenhang zwischen Fernsehgewohnheiten und Schulleistungen entladen hat. 1000 Kinder, die zwischen 1972 und 1973 geboren wurden, gaben als 26-Jährige Auskunft über die Stunden ihres Fernsehkonsums in ihrer Kindheit und die mittlerweile erreichten Bildungsabschlüsse. Wir ahnen es schon: Wer viel glotzt, hat keine Zeit für Hausaufgaben. Fernsehen in der Kindheit geht nicht nur mit Konzentrations- und Verhaltensproblemen einher, sondern führt auch zu schlechten Leistungen in der Schule. Ein eigener Computer hingegen wirke sich positiv auf die Schulleistungen aus. Die besten Testergebnisse erreichten Kinder mit Computer, aber ohne Fernseher in ihrem Zimmer, berichten die Forscher im Sommer 2005 im Fachjournal »Archives of Pediatric and Adolescent Medicine«, und die Presseagenturen tragen diesen erstaunlichen Befund in die ganze Welt, und sogar bis nach Hannover.

Da stimmt Christian Pfeiffer in den Chor der Mahner und Warner mit ein, denn seine eigene Studie hat mittlerweile auch Ergebnisse gezeitigt. Unter seiner Anleitung hat die Wissenschaft einmal mehr festgestellt, dass Margarine Fett enthält:

»Je mehr Zeit Kinder vor dem Fernseher oder der Spielkonsole verbringen, desto schlechter sind ihre Schulleistungen.«

Sein Appell stellt der PISA-gebeutelten Nation eine unmissverständliche Aufgabe. Man müsse den Eltern bewusst machen, dass es ihre wichtigste Aufgabe ist, ihre Kinder zu motivieren und im Leben zu verankern. Lesen, Sport treiben und musizieren, zur freiwilligen Feuerwehr gehen und mit anderen Kindern sinnvoll die Freizeit verbringen, so umreißt er in etwa die Alternativen zur Medienverwahrlosung. Gebongt, machen wir. Und wir wollen es ja auch wirklich richtig machen. Also nehmen wir den Kindern die Glotze wieder weg, lassen sie höchstens zehn Minuten am Tag computerdaddeln und arrangieren einen bunten Strauß pädagogisch wertvoller Freizeitbeschäftigungen. Dumm nur, dass die Kinder dann wieder keine Zeit für Hausaufgaben haben, wenn sie sich den lieben langen Nachmittag auf dem Fußballplatz, in der Lese-Ecke oder irgendwelchen Kirchenchören herumtreiben.

5. Kapitel

Kinder auf der Flucht: Schulschwänzer, Sitzenbleiber, Schulvermeider

Ich hatte gut gelernt auf die Mathematikstunde. Aber als mich die Lehrerin an die Tafel holte, merkte ich, wie ich zitterte. Ich habe an der Tafel nur noch unendlich viele Klammern und Zahlen gesehen, alles verschwamm vor meinen Augen. Da sagte die Lehrerin: „Jetzt steht sie da wie der Ochs vor'm Berg. Da brauchst du nicht an die Zimmerdecke zu schauen, in deinem Hirn ist nichts drin. Wie kann man sich nur so saudumm anstellen. Du bist einfach zu dumm für eine höhere Schule. Was das für eine Note ist, kannst du dir denken. Setz dich!"

Ein Einzelfall kränkenden Lehrerverhaltens, über den Kurt Singer, Psychoanalytiker und emeritierter Professor für Schulpädagogik und Pädagogische Psychologie, berichtet. Er hat im Laufe seines wissenschaftlichen Lebens Hunderte solcher Geschichten gesammelt, analysiert und einige besonders aussagekräftige Fälle in seinem Buch *Die Würde des Schülers ist antastbar* dokumentiert.

Schulangst zählt – im Gegensatz zur Schulphobie und Schulverweigerung – zu den Sozialängsten.

»Die Kinder haben Angst, sich zu blamieren, von den Lehrern oder anderen Kindern verhöhnt oder bloßgestellt zu werden«,

stellt Kurt Singer fest. Schulische Not kann krank machen, denn Kinder reagieren auf seelische Konflikte mit dem Körper. Immer mehr Kinder leiden unter Kopfweh, Bauchschmerzen und Übelkeit, fasst Singer aus psychologischen und medizinischen Untersuchungen der letzten Jahre zusammen:

- jeder fünfte Schüler ist von Kopfschmerzen geplagt,
- ebenfalls jeder fünfte leidet öfter unter Schlafstörungen, Appetitlosigkeit und Übelkeit vor dem Unterricht,
- jeder dritte schläft vor Klassenarbeiten schlecht.

Eltern suchen eher nach körperlichen als nach seelischen Ursachen, weswegen Schulangst auch in großem Umfang medikamentös behandelt wird, anstatt die eigentlichen Ängste zu erkennen. Darauf wiesen auch Experten im Mai 2006 bei einer Tagung in Bremen vor rund 200 Ärzten, Lehrern und Psychologen hin. Rund 500 000 Rezepte für Beruhigungsmittel werden jährlich in Deutschland für Kinder unter 12 Jahren ausgestellt.

Doch warum gehen so viele Kinder zur Schule, als müssten sie zum Zahnarzt? Dabei starten sie doch alle so hoffnungsfroh. Für die Schulanfänger ist die Lehrerin eine neue Bezugsperson. Ihre Zuständigkeit und Kompetenz für das Lernen ist unbestritten. Wenn die Lehrerin es so oder so haben will, dann haben die Eltern in den Augen der Kinder nichts mehr zu sagen. Erstklässler sehen die Lehrerin unkritisch als die Person, die ihr Bedürfnis, Lesen, Schreiben und Rechnen zu lernen, befriedigt. Ihr Wort gilt. Die Kinder möchten ihre Anforderungen erfüllen. Doch bereits im zweiten Schuljahr tauchen Vorstellungen auf, in denen die Kinder ihre Lehrerin als launisch, schimpfend und vielbeschäftigt beschreiben. Am Ende des ersten Schuljahres gaben bereits 14 Prozent der Kinder an, ein distanziertes Verhältnis zur Lehrerin zu haben, so ein neueres Ergebnis der Studie von Christina Krause über das Lehrerbild von Schulkindern.

»Wenn Dreizehnjährige von ihren Lehrern sprechen, üben sie vorwiegend Kritik. So sind bei Schülern des fünften Schuljahrs nur vier Prozent der Aussagen über ihre Lehrer negativ, bei Achtklässlern sind es 76 Prozent.«

Warum entwickeln Kinder bereits in der Grundschule stabile Aversionen? Sie lernen widerwillig, leiden früh und in großer Zahl unter psychosomatischen Symptomen typischer Managerkrankheiten und sehen in ihren Lehrern eher Gegner als Helfer. Und manchmal rücken die Schüler dann zu Hause mit etwas heraus, das sie am Vormittag in der Schule zu hören bekommen haben: »Ihr seid wirklich das Allerletzte. Womit hab ich das verdient?« Oder: »Sag mir, wann du Geburtstag hast, dann kauf ich dir 'nen Sack Heu.« Oder zu einem zehnjährigen Klassensprecher, der von einem Mitschüler um Hilfe in einem Konflikt mit dem Lehrer gebeten wurde: »Lern du erst mal deine Vokabeln, bevor du hier den Mund aufmachst.«

Dieser Viertklässler aus Hamburg hat sich gemeinsam mit seinen Eltern postwendend an Barbara Beutner gewandt. Die Ombudsfrau für Schülervertretungen berät in Hamburg Schüler, die sich von Lehrern eingeschüchtert, lächerlich gemacht und nicht ernst genommen fühlen. »Wenn die Stimme einer Elfjährigen genauso viel zählt wie meine, kann ich das Gremium nicht akzeptieren«, zitiert sie die Weigerung eines Lehrers, die Klassensprecherin zu einer Klassenkonferenz einzuladen – ein Verfahren, das übrigens im Schulgesetz vorgeschrieben ist. Die Weigerung, Klassenkameraden zu verpetzen, ziehe durchaus schon mal einen Abfall der Note nach sich oder führe dazu, dass der Lehrer den Schüler künftig links liegen lasse, nennt sie ein weiteres Beispiel. Gestiegen ist nicht nur die Zahl der Fälle, in denen Barbara Beutner zu Rat gezogen wird, sondern auch der Anteil der Schüler, die sich zurückzögen, wenn es im Konflikt mit einem Lehrer keine Lösung gibt.

»Etwa die Hälfte der Schüler sehen keine Chance, das durchzustehen. Sie haben Angst vor Nachteilen – und die ist absolut berechtigt.«

Einzelfälle? »Mitnichten«, sagt Barbara Beutner und erkennt in den ihr angetragenen Fällen »durchgängig ein Menschenbild mangelnden Respekts«. Lehrer trauten Schülern eigenständiges Denken nicht zu und schrieben vor, was gedacht wird. Misstrauen beherrsche das Schulklima in Deutschland: Eltern glauben, dass ihre Kinder nicht gut lernen, Lehrer glauben, dass die Kinder schlecht erzogen sind, und die Kinder fürchten, missachtet zu werden.

»Die Kommunikation in deutschen Schulen ist nicht motivierend, sondern zerstörend. Motivationsmittel in Deutschland sind Disziplin und Runtermachen«,

sagt auch Renate Hendricks, langjährige Elternvertreterin und Vorsitzende des Bundeselternverbandes.

»Die Schule nimmt die Kinder in Geiselhaft, und die Eltern gleich mit.«

Latente Feindseligkeit gegenüber ihren Lehrern zu hegen, finden die meisten Schüler offenbar ganz normal. Ob nun ein gewisser Leidensdruck für Schüler seit jeher unweigerlich mit dem Zwang zum Schulbesuch einhergeht, mag dahingestellt sein. Zweifellos muss die Lehrerschaft gegen die pauschale Unterstellung in Schutz genommen werden, sie würden ihre Schüler fertig machen wollen, statt sie angemessen zu fördern. Dass aber beispielsweise skandinavische und kanadische Kinder jedenfalls mehrheitlich gern in die Schule gingen und mit mehr Freude als die deutschen lernten, belegen etliche begleitende Schülerbefragungen im Rahmen der PISA-Studien. So glaubt beispielsweise jeder fünfte deutsche Schüler, dass die Lehrer gar nicht an einem Lernerfolg aller Schüler in der Klasse gleichermaßen interessiert sind. In anderen Ländern meint das nur jeder zehnte Schüler. Deutsche Schüler kritisieren besonders häufig, dass sie von den Pädagogen beim Lernen wenig tatkräftige Hilfe erfahren. Auch seien Lehrer nicht bereit, auf individuelle Bedürfnisse beim Lernen einzugehen.

Im Alltag klagen Kinder weniger über die Schule an sich als über einzelne Lehrerinnen und Lehrer, die ihnen das Leben schwer machen. Sie fürchten die Macht jener Lehrer, die sie mit ironischen Bemerkungen beleidigen, missglückte Arbeiten oder abgefangene Liebesbriefchen vor der Klasse vorlesen, sich abfällig über die Dummheit, die Familie oder das Aussehen einzelner Kinder äußern, sie links liegen lassen oder mit schlechten Noten drohen.

Wie im Falle des elfjährigen Mädchens, an das sich Friedrich Voigt, Psychologe am Münchner Kinderzentrum, gut erinnert. Sie litt unter schweren psychosomatischen Beschwerden, medizinische Ursachen konnten nach gründlicher Untersuchung ausgeschlossen werden, auch der familiäre Hintergrund barg keine problematische Situation. Dann geriet die Schule in den therapeutischen Blick, und der Psychologe wurde fündig.

»Es war ein Lehrer, der das Mädchen vor der Klasse wiederholt bloßgestellt hatte mit Bemerkungen, dass sie zu dumm für die Schule sei.«

Ein Schulwechsel wurde empfohlen, »und das Kind war von einem auf den anderen Tag symptomfrei«, sagt Friedrich Voigt. Dass die Ursache von Schulängsten in der Schule und ihren Lehrern zu suchen sei, hält auch Friedrich Voigt für kaum generalisierbar, doch die Schule sähe sich eben auch nicht gerne in der Verantwortung.

»Es ist immer die Frage, wie sich die Schule auf das Problem einlassen möchte.«

Es sind Einzelfälle, in denen Schüler von Lehrern gedemütigt, überfordert, bloßgestellt und in ihrem Selbstwertgefühl verletzt werden. Allerdings stören die wenigen Fälle unpädagogischen und destruktiven Handelns das Leben und Lernen vieler Kinder.

»Was einer verbockt, können 50 andere nicht wieder wettmachen«,

sagt Josef Kraus, Präsident des Lehrerverbandes.

»Es ärgert uns maßlos, wenn fünf oder acht Prozent der Lehrer die Meinung vom Lehrer negativ prägen. Da passieren Ungeschicklichkeiten«,

formuliert er diskret.

»Lehrer äußern sich sprachlich, wie es umgekehrt nicht sein dürfte.«

Die respektlose Art, in der manche Lehrer mit Kindern umgehen, sabotiert nicht nur deren Lernbereitschaft, sondern beeinträchtigt auch ihre Beziehungen zu den Klassenkameraden: Wer vom Lehrer bloßgestellt oder lächerlich gemacht wird, zieht häufig auch noch den Spott und die Häme der Klassenkameraden auf sich – und in aller Regel fallen entwertende, erniedrigende Lehrerworte vor der ganzen Klasse.

Wie viele Kinder in Deutschland auf ihre Lehrer schimpfen, sich davor fürchten, drangenommen zu werden, und nicht nur hin und wieder vor einer Mathearbeit über Bauchweh klagen, sondern wirklich unter Schulangst leiden, wissen auch die Experten nicht genau.

»Man geht davon aus, dass in Deutschland fünf bis acht Prozent der Kinder schulbezogene Ängste und Schwierigkeiten haben«,

schreibt Gerd Lehmkuhl, Co-Autor des Ratgebers *Schulangst erfolgreich begegnen* und Direktor der Klinik für Psychiatrie und Psychotherapie des Kindes- und Jugendalters der Universität Köln. »Es gibt aber eine Verschärfung vorhandener Tendenzen«, sagt Lehmkuhl. Der Leistungsdruck sei gestiegen, und auch das Mobbing unter Schülern habe zugenommen.

Schulangst kann auch eine Reaktion auf ein sehr leistungsbezogenes Schulsystem sein. Japanische Schüler beispielsweise haben im PISA-Vergleich nicht nur die vorderen Ränge im Leistungsvergleich belegt, sondern sind auch Spitzenreiter unter den Schulverweigerern.

Doch Schulangst lässt sich nicht einseitig auf übergroßen Leistungsdruck oder einen überbesorgten Erziehungsstil der Eltern zurückführen. Die besondere Situation in der Schule könne Kinder massiv in Ängste und Konflikte stürzen, betont Gerd Lehmkuhl und nennt Beispiele:

»Angst vor Leistungsanforderungen, etwa durch Klassenarbeiten, das Gefühl, überfordert zu sein oder von den Mitschülern abgelehnt zu werden und von den Lehrern nicht geschätzt zu sein. Hiermit verbunden sind Gefühle der Demütigung und Bloßstellung.«

Anders bei der Schulphobie, die häufig in den ersten Grundschuljahren auftritt. Bei ihr besteht kein direkter Bezug zur Schulsituation. Hier handele es sich um eine Trennungsangst, die es dem Kind schwer oder unmöglich macht, sich von der Mutter zu lösen.

»Dieser Angsteffekt ist zumeist morgens, wenn der Schulbesuch ansteht, besonders intensiv und lässt gegen Mittag nach, so dass dann auch Kontakte zu Gleichaltrigen und entspannte Spielsituationen möglich sind«,

beschreibt Lehmkuhl einen wichtigen Unterschied zur Schulangst, deren Auslöser im Schulgeschehen selbst zu suchen sind.

»Kinder mit Schulangst verlassen häufiger den Unterricht, um nach Hause zu gehen und der für sie bedrohlichen oder kränkenden Situation zu entkommen. Auch bei ihnen treten im Rahmen der Angstentstehung körperliche Beschwerden auf.«

Deshalb wohl suchen diese Kinder auch häufiger verschiedene Ärzte auf. Gerd Lehmkuhl zitiert eine Befragung von 1524 Kinderärzten, die auf die Frage, in welcher Häufigkeit Schulangst und verschiedene körperliche Beschwerden Anlass für den Arztbesuch sind, die Schulangst mit 40 Prozent als häufig bis sehr häufig einstuften. Ihre Bedeutung wurde höher eingeschätzt als die der Hyperaktivitätsstörung bzw. der Aufmerksamkeitsdefizitstörung und des nächtlichen Einnässens und war vergleichbar mit den Problemen von Schlafstörungen.

Häufig treten Schulängste am Ende der Grundschulzeit auf. Der Übergang an die weiterführende Schule und die damit verbundene Schülerauslese könne schon bei Grundschulkindern starken Stress auslösen, sagt Detlef Träbert, Vorsitzender der Aktion Humane Schule in Köln: »Je größer der Selektionsdruck, umso größer die Angst.«

»Schüler leiden unter Misshandlungen, Mobbing oder Machtmissbrauch von Lehrern ähnlich häufig und ähnlich stark wie unter Gewalt von Mitschülern«, sagt der Salzburger Erziehungswissenschaftler Volker Krumm. Er befragte im Rahmen der TIMMS-Studie (Third International Mathematics and Science Study) 10 000 Schüler aus der 7. und 8., 10., 11. und 12. Klasse, ob sie Lehrer oder Mitschüler angegriffen haben, ob sie von Lehrern oder Mitschülern angegriffen wurden oder ob sie kränkendes Verhalten von Mitschülern oder Lehrern beobachtet haben.

17 Prozent gaben an, in den letzten vier Wochen von Lehrern gekränkt, geärgert und/oder ungerecht behandelt worden zu sein – genauso viele Schüler schrieben, in diesem Zeitraum von Mitschülern attackiert worden zu sein. Zwei Drittel der Befragten empfanden das verletzende Verhalten der Lehrer als mindestens ebenso belastend wie jenes durch Mitschüler.

Nun werden Lehrer Schüler nicht verprügeln, beschimpfen, bedrohen und erpressen, wie es unter Schülern vorkommt. Schon gar nicht würde ein Lehrer einen Schüler blutig schlagen. Was Lehrer Schülern antun, unterscheidet sich von dem, was Schüler sich untereinander zufügen.

»Offensichtlich kommt es aber viel mehr darauf an, wie das Verhalten eines anderen erlebt wird, und weniger auf die spezifische Art des kränkenden Verhaltens«,

betont Krumm und vergleicht die Antworten der Schüler:

- Schüler erleben sich häufiger als Opfer von Lehrerangriffen als von Schülerangriffen. Die älteren beträchtlich häufiger als die jüngeren.
- Die Beobachter schreiben ebenfalls, dass Lehrer häufiger als Mitschüler Schüler beschimpfen, beleidigen, ärgern.

- Schließlich äußern die Schüler, sie würden Lehrer seltener angreifen, als sie von Lehrern attackiert würden.

Nun könnte man ja vermuten, die Schüler wollten in ihren Schilderungen den Lehrern etwas heimzahlen. Doch selbst dann stellt sich die Frage, *was* eigentlich?

Wenn sich die Arten der Aggression unterscheiden – muss sich deshalb das Ausmaß der erlebten Kränkung unterscheiden? Ist das Lächerlichmachen durch den Lehrer vor der Klasse harmloser als Prügel von einem Mitschüler? Ist Angeherrschtwerden durch den Lehrer weniger kränkend als obszöne Beleidigungen von Mitschülern? Sind Ignorieren, Bloßstellen oder der Entzug von Aufmerksamkeit weniger schmerzhaft als die Zerstörung Eigentums durch Schüler aus Rache oder Bosheit?

Die Kritik der Lehrer und ihrer Vertreter an den Ergebnissen dieser ersten Untersuchung veranlasste Volker Krumm zu einer zweiten. 3000 Schulabsolventen aus Österreich, Deutschland und der Schweiz gaben Auskunft, welche Verhaltensweisen von Lehrern sie in ihrer Schulzeit als verletzend erlebt haben und welche Auswirkungen diese Kränkungen hatten.

»Wir erhielten Berichte von 77 Prozent aller Befragten«, sagt Volker Krumm, »viel mehr als erwartet.«

Etwa 30 Prozent der geschilderten Episoden waren tatsächlich einzelne Vorkommnisse, doch 50 Prozent gaben an, dass die Kränkungen wiederholt vorgekommen seien, so Krumm mit Blick auf die Tendenz der Schulverantwortlichen, immer dann von bedauerlichen Einzelfällen zu sprechen, wenn von inakzeptablem Lehrerverhalten in der Öffentlichkeit die Rede sei.

Den Auswirkungen kränkenden Lehrerverhaltens galt eine weitere Frage. 88 Prozent empfanden heftigen Zorn, 80 Prozent fühlten sich abgelehnt, 74 Prozent fühlten sich niedergeschlagen und traurig. Dass ihnen das Fach dieses Lehrers zuwider wurde, berichteten 72 Prozent, und von Angst vor dem Unterricht, schwindendem Selbstvertrauen und dauerhafter Entmutigung sprachen 62 Prozent der Schulabsolventen.

»Statt Schüler für ihren Unterricht, für ihr Fach und letztlich für das Lernen zu motivieren, bewirken Lehrkräfte, die Kinder kränken, das Gegenteil«,

fasst Volker Krumm zusammen:

»Zorn auf den Lehrer, Widerwillen gegen sein Fach oder die Schule, Angst, Demotivation, Niedergeschlagenheit, Entmutigung und manchmal Flucht aus der Klasse oder Schule und Zweifel am Leben.«

Seine Befunde belegen, dass in der Forschung über Gewalt in der Schule Lehrer ungerechtfertigt als Leidensquelle für Schüler ignoriert wurden. In den empirischen Untersuchungen der Jahre 1990 bis 1996 sei die Verteilung noch einseitiger, betont Volker Krumm.

Fast alle Arbeiten, deren Titel sich mit Gewalt in der Schule befasst, untersuchen nur Gewalt, die von der schwächsten Gruppe in der Schule ausgeht: den Schülern. In der Forschung über Gewalt in der Schule gab es jahrelang keine Untersuchung dazu, ob manche Lehrer das Verhalten an den Tag legen, das sie Gewalt nennen, wenn Schüler es zeigen.

»Viele Schüler fühlen sich der Schule ohnmächtig ausgeliefert. Sie reagieren in der Regel nicht mit aggressiver Gewalt, sondern viel häufiger mit

Schulangst, mit Depression, die in einzelnen Fällen bis zum Selbstmord führen kann. Das sind Einzelfälle, aber sie sind nicht so selten, wie man annehmen könnte. Über Selbstmorde von Schülern gibt es wenig verlässliche Informationen, sie werden häufig vertuscht«,

sagt der Berliner Bildungsforscher Wolfgang Edelstein in einem Interview mit der *ZEIT* vom 22. April 2002 über die alltägliche Demütigung von Schülern. Und weiter:

»Schulbezogene Depressionen dagegen sind eine Massenerscheinung. Auch Schulangst ist weit verbreitet und wird in großem Umfang medikamentös behandelt. Diese Erscheinungen sprechen dafür, dass Gewalt in einem strukturellen Sinn auch auf der Seite der Institution Schule zu suchen ist.«

Kleinkrieg im Klassenzimmer und gegenseitige Ressentiments, die in Einzelfällen durchaus auch zu Aggression und Gewalt führen – da weitet sich die Schnittmenge von Schulklima und Bildungsdebatte in Deutschland zur Grauzone. Seit etwa 1970 ist es zwar verboten, Schüler zu schlagen. Aber auch in deutschen Schulen sind Schüler körperlichen Übergriffen von Lehrern ausgesetzt. In den meisten Schulen üben Lehrer aber subtilere Aggressionen aus, indem sie Schüler psychisch verletzen und tief beschämen. Und so nehmen nicht nur die Lehrer manche ihrer Schüler, sondern auch die Schüler manche ihrer Lehrer als gewalttätig wahr, wobei beide Seiten nicht selten in wechselseitige Schuldzuschreibungen verstrickt sind. Dann gerät schnell jeder Seite die wahrgenommene Aggression der anderen zum Anlass, eigene aggressive Ausrutscher zu rechtfertigen – eine endlose Spirale.

»Einen Rückfall in atavistische Formen der Machtausübung«, sieht auch Agilbert Breuer, der Leiter der Lehrerfortbildung des Saarlandes, in der Schule. Meistens würden diese Fälle aber intern abgebogen, so dass man schon von einem blinden Fleck bei der Schulverbesserung sprechen könne.

»Wenn sie sich im Geschäftsleben so benehmen würden, wäre das Problem schnell gelöst, dann wäre der Laden ziemlich schnell zu«,

kommentiert er das zynische, herabwürdigende Verhalten mancher Lehrer. Fehlverhalten von Lehrern werde nicht sanktioniert, und die Möglichkeiten der Supervision, wie sie in anderen sozialen Berufen selbstverständlich sei, stünden den Lehrern nicht zur Verfügung.

Vielen Lehrern sei darüber hinaus zu wenig bewusst, welche Wirkung allein ihre Sprache auf die Schüler habe. In Rhetorik-Kursen können sich die Lehrer des Saarlandes zwar dahingehend fortbilden, doch mit der Verbesserung der Aus- und Fortbildung allein sei noch nichts gewonnen. Breuer setzt auf die Konkurrenz der Schulen, auf vielfältige Evaluationsinstrumente nach holländischem und skandinavischem Vorbild, die einen gewissen Qualitätsdruck erzeugten. Auch Josef Kraus erhofft sich viel vom Gruppendruck des Kollegiums und des Vorgesetzten.

»Ich wünsche mir mehr Führungsinstrumente als nur die Ermahnung zwischen Tür und Angel«, sagt Kraus.

In Bayern, wo er selbst ein Gymnasium leitet, hat er diese Möglichkeiten: Als Dienst- und Disziplinarvorgesetzter besucht er unangekündigt den Unterricht, kann er Leistungsprämien gewähren oder verweigern und Kollegen zu fachlichen Tagungen zusammensetzen.

»Man muss das Leistungsprinzip, das man bei Schülern einfordert, auch auf Lehrer anwenden. Fehlverhalten muss Konsequenzen haben, sonst ist es egal, ob einer sich anstrengt oder nicht.«

Dass es in Deutschland an der Entschlossenheit mangelt, Gewalt in der Schule auf jeder Seite einzudämmen und auch in Schulkollegien Mobbing und Machtmissbrauch von Lehrern gegenüber Schülern zu reduzieren, liegt offenbar nicht daran, dass Kollegien nicht genau wüssten oder uneins darüber wären, was unter inakzeptablem Lehrerverhalten zu verstehen sei.

In zusätzlichen Befragungen hat Volker Krumm Lehrer und Eltern gebeten zu beurteilen, ob das von den Studenten berichtete Lehrerverhalten pädagogisch akzeptabel oder abgestuft inakzeptabel sei: Lehrer beurteilten das geschilderte Lehrerverhalten als noch inakzeptabler als Eltern. Die schlichte Wahrheit, wonach man dazu neigt, über die Identifikation mit dem Aggressor von ehedem negative Erlebnisse weiterzugeben, illustriert ein anderer Befund. Gefragt, ob ihnen selbst während ihrer Schulzeit Kränkungen von Lehrern zugefügt worden seien, berichteten 73 Prozent von selbst erfahrenen Kränkungen.

Den Lehrern jedoch die Fähigkeit zur Selbstkritik auf breiter Front absprechen zu wollen wäre ein großer Fehler. Denn sie wissen durchaus, was sie tun (sollen): Auf die Frage, ob sie an ihrer Schule Kollegen kennen, die sich gegenüber Schülern pädagogisch inakzeptabel verhalten, antworteten 81 Prozent der befragten Lehrer mit »Ja«. Die Frage, ob sie sich selbst gegenüber Schülern schon einmal kränkend, unfair oder ungerecht verhalten haben, bejahten sogar 84 Prozent.

Lehrer wissen, was pädagogisch geboten ist, und können sich auch steuern. Immerhin erlauben sie sich kränkende Verhaltensweisen nicht, wenn die Schulaufsicht im Unterricht hospitiert – auch dann nicht, wenn das Verhalten von Schülern sie frustriert. Es liegt offenbar kein Qualifikationsdefizit vor, sondern fehlt an Kontrolle von außen. Sie wäre so lange hilfreich, bis sie durch Selbstkontrolle ersetzt ist. Das gelingt umso mehr, je besser ein Lehrer gelernt hat, mit belastendem Schülerverhalten umzugehen.

Aber können Lehrer mit den Bedürfnissen der Kinder wirklich richtig umgehen?

»Lehrer studieren ein Fach, nicht die psychologischen Prozesse des Lehrens und Lernens. Dabei ist Unterricht ein durch und durch psychologisches Geschehen. Doch für diese Anforderungen ihres Berufs werden Lehrer praktisch nicht ausgebildet«,

fasst Wolfgang Edelstein zusammen.

Nicht die Schule an sich macht krank: Was Lehrer krank macht, ist vor allem die Belastung durch schwierige Schüler, was Schüler krank macht, ist vor allem pädagogisch inakzeptables Verhalten von Lehrern.

Gutes Beschwerdemanagement hebt die Qualität und das Ansehen, wie in jedem anderen erfolgreichen Betrieb auch. Reiseveranstalter, Softwareanbieter, Telekommunikationsanbieter, Gastronomen – sie alle bitten ihre Kunden, ihnen mitzuteilen, wenn etwas Unerfreuliches geschehen ist, und legen sich schwer ins Zeug, um künftig Fehler zu vermeiden. Im weiten Feld der Anbieter von Bildungsdienstleistungen auf dem freien Markt gehört die Bitte um Rückmeldung, ein differenziertes Feedback in Gestalt von auszufüllenden Bewertungsfragebögen nach Seminaren, Workshops und Kursen aller Art, längst zum guten Ton. In vielen angelsächsischen Ländern sind systematische, schriftliche Unterrichtsevaluationen durch Schüler längst üblich.

Und bei uns? Wie viele Schulen bitten heute Eltern und Schüler ausdrücklich darum, Kritik zu äußern? Wie viele Schulen weisen auf Ansprechpartner und deren Telefonnummern hin, bei denen Schüler und Eltern ihren Kummer, ihren Ärger oder ihre Empörung über das Verhalten einer Lehrkraft loswerden können – ohne Angst vor möglichen Repressalien?

Ob die Eltern nun berechtigt oder unberechtigt negative Konsequenzen für ihr Kind befürchten, sei dahingestellt. Dass Kinder in der Schule mit verletzendem Lehrerverhalten konfrontiert werden, wissen alle – Eltern von Schulkindern sowieso, aber auch Lehrer kennen solche Fälle. Und warum wird kaum darüber gesprochen? Das liegt nicht nur an der Zurückhaltung von Eltern, sondern auch daran, dass häufiger über Gewalt von Schülern gesprochen wird als über Lehrer, die ihre Macht missbrauchen. Lehrer und ihre Verbände sind an der öffentlichen Diskussion über inakzeptables Schülerverhalten interessiert. Sie sorgen dafür, dass die Medien über ihre Erfahrungen und Schwierigkeiten mit problematischen, gewalttätigen Schülern berichten – und den Medien und der Politik garantiert ein gewisser Thrill in der Berichterstattung über Ereignisse wie den Amoklauf in Erfurt oder Emsdetten oder die Zustände an der Berliner Rütli-Schule ja auch eine große Aufmerksamkeit.

In diesen medialen Aufgeregtheiten wird sichtbar, wie schwer es heute ist, ein Lehrer zu sein. Mitgefühl wird wach, Hilfe wird angeboten – Beratungslehrer und Sozialarbeiter eingestellt,

Fortbildungsmaßnahmen für Lehrer und Sozialstunden für Schüler in Aussicht gestellt. Ganz nebenbei nutzt man die Möglichkeit, einmal mehr den Wunsch nach kleineren Klassen anzumahnen und eine Verringerung der Pflichtstundenzahl zu fordern. »Verhaltensauffällige Schüler«, die »Klassengröße« und die »Stundenverpflichtung« nennen auch die befragten Lehrer in der großen Burn-out-Studie des Potsdamer Wissenschaftlers Uwe Schaarschmidt an allererster Stelle ihrer beruflichen Belastungen.

Doch kann man sich vorstellen, dass eine Lehrergewerkschaft jemals eine Pressekonferenz über Machtmissbrauch von Lehrern veranstaltet hätte? Aus Gründen des kollektiven Selbstschutzes oder der Verbandsräson mag das nachvollziehbar sein, doch das Schweigen vieler Eltern und die fehlende öffentliche Debatte über verletzendes, kränkendes Verhalten von Lehrern hat schlimme Folgen: Die Auswirkungen dieses Verhaltens tragen die Schüler allein – und zwar ohne die Fülle von Rechtsschutz, die Berufsverbände und Vorgesetzte den Lehrern gewähren und die Fürsorgepflicht des Staates gegenüber den Staatsdienern gebietet.

Doch wenn die Grenzüberschreitungen, die manche Lehrer sich erlauben, immer nur verharmlost und verschwiegen werden, erfahren auch Schulleitung und Schulaufsicht nichts von dem, was hinter geschlossenen Klassentüren vor sich geht. Das bedauert man sogar in manchen Kultusministerien:

»Unter hunderttausend Lehrkräften gibt es leider Fälle, für die man nicht eintreten möchte. Wir haben natürlich nicht die Möglichkeit, gegen Dinge vorzugehen, die weder gemeldet noch in irgendeiner Weise registriert werden«, sagt die damalige bayerische Kultusministerin Monika Hohlmeier in einem Interview des Bayerischen Rundfunks am 29. November 1999.

Treibt es ein mobbender Lehrer nicht zu weit, verhält er sich nur ungerecht, beleidigt, demütigt, stellt bloß und brüllt seine Schüler nur an, kann er sich auf das Schweigen der Eltern verlassen, die sowieso fürchten, alles nur noch schlimmer zu machen, wenn sie den Lehrer darauf ansprechen.

»Ist die Hypothese unwahrscheinlich, dass Lehrer, die Schüler mobben, kaum mit herben Konsequenzen rechnen müssen, weil zu viele Eltern nicht intervenieren, die Kollegen schweigen und die Schulaufsicht zu wenig weiß?«,

fragt Volker Krumm in seiner Untersuchung und erkundet die Vorstellungen von Lehrern und Eltern, wie man kränkendem Lehrerverhalten entgegentreten könne:

- Schülern immer wieder sagen, an wen sie sich vertrauensvoll wenden können,
- Eltern ermutigen, mit dem Lehrer zu sprechen,
- alle Lehrer einer Klasse dafür verantwortlich machen, dass fragwürdiges Verhalten eines Kollegen im Team besprochen wird,
- Kollegien dafür sensibilisieren, dass mobbende Lehrer nicht akzeptiert werden, und Lehrer verpflichten, sich regelmäßig von Schülern anonym Rückmeldungen geben zu lassen –

das sind Maßnahmen, für die die befragten Lehrer und Eltern ähnlich ausgeprägt große Zustimmung signalisieren. Sie kosten beinahe nichts und tragen viel dazu bei, verletzendes Lehrerverhalten bekannt zu machen, zu erörtern und bei gutem Willen schnell aus der Welt zu schaffen. Verschiedener Meinung waren Eltern und Lehrer nur in einem Punkt:

Nicht weiter überraschend nennt Volker Krumm seinen Befund, dass die Lehrer mehrheitlich weitere Verpflichtungen wie eine Stärkung der Schulaufsicht, eine Verschärfung des Disziplinarrechts oder die Mitwirkungsrechte der Eltern bei der Einstellung und Entlassung von Lehrern ablehnen. Auch leuchtet ein, dass die Eltern intensiveren Kontrollen etwas häufiger zustimmen. Doch auch eine Mehrheit der Eltern spricht sich gegen verstärkte Mitwirkungsrechte von Eltern aus.

»Eltern scheinen immer noch zu akzeptieren, dass sie in wesentlichen Angelegenheiten der Staatsschule nicht mitbestimmen dürfen. Vermutlich haben sie auch die in der Staatsschule verbreitete Vorstellung akzeptiert, sie seien pädagogische Laien, die Lehrer hingegen Experten«,

deutet Volker Krumm dieses überraschende Ergebnis. Doch vielleicht wollen die Eltern ja auch wirklich nicht noch mehr mit Schulangelegenheiten belastet werden, als sie es ohnehin schon sind, und wünschen sich in Wirklichkeit nichts mehr, als dass die Schule ihre Aufgaben alleine regeln kann, damit sich Eltern ihren Aufgaben widmen können.

Die Chancen für einen pädagogischen Ethos, der sich auch im Verhalten von Lehrern spürbar ausdrückt stehen jedenfalls nicht schlecht. Denn auch das bestätige die Befunde der Lehrerbefragung. Volker Krumm sieht das so:

»Die überwiegende Lehrermehrheit billigt Kränkungen von Schülerinnen und Schülern durch Lehrkräfte nicht.«

Teil III
Reparaturversuche

6. Kapitel

Private Reparaturversuche I: Zu Hause wird gepaukt, der Nachhilfesektor boomt

Die Schulstunden am Vormittag mögen Schüler unter günstigsten Voraussetzungen nicht immer nur als Zwang, Belastung oder gar Arbeit verstehen. Gelernt hat ein Kind ja schließlich sein Leben lang, darauf ist es trainiert und daran ist es nach wie vor auch interessiert. Aber dann am Nachmittag, zu Hause, geht der Stress erst richtig los: Dann sind Hausaufgaben zu erledigen, und Eltern wie Kinder kriegen es mit Arbeit in des Wortes tristester Bedeutung zu tun. Denn nun soll das Kind sich zu etwas aufraffen, wozu es keine Lust hat und das ihm komplett gegen den Strich geht. Obendrein hat dabei schnell alle gegen sich, wer sich sträubt: die Eltern, die Lehrer, die älteren Geschwister, die das Hausaufgabenelend schon jahrelang hinter sich gebracht haben. »Fang doch endlich an! … Gleich! Ich will nur noch … Ich schaff das nicht … So ein Geschmier, schreib das noch mal … Immer meckerst du an mir rum, Frau Dingsda reicht das so …« Es hilft nichts, auch wenn wir versuchen Machtkämpfe zu umgehen, Einsicht heischende Gespräche unterlassen und uns darauf konzentrieren, eine positive Lernatmosphäre herzustellen und eine langfristig tragfähige Arbeitshaltung zu etablieren. An Hausaufgaben wird unentwegt erinnert, sie werden erzwungen, erpresst, erschmeichelt, da gibt es kein Pardon. Nachlässigkeit wird nicht geduldet und prompt mit vorwurfsvollem Unterton im »Muttiheft« der Grundschüler vermerkt, wenn Klein-Moritz jetzt schon zum dritten Mal ohne Hausaufgaben zum Unterricht erschien.

Der praktische Nährwert der Heimarbeit für den kleinen Bildungshunger nicht nur am Nachmittag, sondern auch am nächsten Schulvormittag ist unbestritten. Ohne all dies Lernen, Üben, Kontrollieren können Kenntnisse weder erworben noch gefestigt werden. Schule und Hausaufgaben hängen zusammen wie Tagesschau und Wetterkarte – Hausaufgaben und Ärger leider auch. Sie sind das festeste Bindeglied zwischen Schule und Elternhaus, aber auch die breite Brücke, über die der Ärger ins Haus kommt. Und sie sind auch der Preis dafür, dass Schule in Deutschland eine Vormittagsveranstaltung ist. Gleichwohl sind sie wichtig, keine Frage. Denn wenig wünschen wir so dringend wie einen Schulabschluss für unser Kind, der dem eigenen wenigstens ebenbürtig ist, aber lieber noch eins draufsetzt, denn schließlich soll das Kind es einmal besser haben. Hat man selbst einen Hauptschulabschluss, peilt man die Mittlere Reife für den Nachwuchs an. Wer die in der Tasche hat, will das Abitur fürs Kind.

Also mahnen und ermuntern wir nach Leibeskräften und legen eine stete Disziplin und motivationale Findigkeit an den Tag, neben der ein Feldwebel der chinesischen Armee genauso erblassen würde wie ein Animateur unter lauter Adipösen am Strand von Mallorca. Und am Ende schickt sich das Kind auch drein, knallt sein eselsohriges Heft auf den Tisch, blättert unwillig im Buch, deutet auf eine mirakulöse Rechenaufgabe und fragt: »Wie geht´n das? Hab ich nicht kapiert.« Und dann legen wir los – in kleinen Schritten, mit anschaulichen Beispielen und auffordernden Gesten, damit der Nachwuchs sich endlich an die Arbeit macht. Im günstigsten Fall.

Das kann dauern: Vom schnellen Hinpfuschen bis zu mehrstündigen Pauk-Sessions, die beträchtlich an den Nerven aller Beteiligten zerren, ist ungefähr alles drin. Wenn ein Kind fast den ganzen Nachmittag an den Hausaufgaben sitzt, fragen sich manche Eltern, ob eine solche Belastung noch zu vertreten ist. Kommt drauf an, wo man wohnt – die Schrullen des föderalen Bildungssystems haben auch für diese Frage maximal 16 Antworten parat:

15 Minuten sieht das Ländergesetz für Erstklässler in Sachsen-Anhalt vor, 30 Minuten sollen die kleinen Hessen und Rheinland-Pfälzer an den Aufgaben sitzen und die I-Männchen in Bayern ganze 60 Minuten.

Bis zur zehnten Klasse steigt die Belastung dann auf zwei Stunden. Wochenenden, Feiertage und Ferien sollen hausaufgabenfrei bleiben, doch auch hier entscheiden Details.

In Sachsen-Anhalt oder Bayern werden Schulaufgaben auch übers Wochenende aufgegeben, in Hessen dürfen Lehrer das nur, wenn der Freitagnachmittag unterrichtsfrei ist …

Die fürsorgliche Belagerung durch ihre Eltern ist Kindern dabei von der Ostsee bis zu den Alpen wenigstens sicher. 60 Prozent der Eltern unterstützen ihre Kinder regelmäßig bei den Hausaufgaben. In der Grundschule tun das sogar 84 Prozent, bei älteren Kindern wird das deutlich weniger.

Eltern von mehr als drei Kindern engagieren sich ganz besonders stark: Während die Hälfte aller Eltern eines Kindes die Hausaufgaben überprüft, tun dies 58 Prozent der Eltern von mehr als drei Kindern. Auch üben sie zu 56 Prozent mit ihren Kindern vor Tests und Klausuren, während das nur 45 Prozent der Einzelkindeltern tun. Das hat eine Bildungsstudie mit mehr als 25 000 Befragten ergeben, die *FOCUS SCHULE* zum zweiten Münchener Bildungsgipfel im Mai 2006 vorlegte.

Eltern stellt die Umfrage ein prima Zeugnis aus. Die meisten Eltern bemühen sich demnach sehr um das Wohl ihrer Kinder, machen mit ihnen Schulaufgaben und unterstützen den Nachwuchs, so gut sie können. Wenn sich dennoch die Hälfte aller

Mütter und Väter von Fünft- bis Zehnklässlern eine Hausaufgabenbetreuung in der Schule wünschen, hat das nichts damit zu tun, dass sie ihren Erziehungsauftrag auf die Schule abwälzen wollen, sondern schlicht überfordert sind: 95 Prozent der Eltern stimmen der Aussage zumindest teilweise zu, dass sie ihren Kindern in vielen Fächern kaum helfen können. Dass eine Hausaufgabenbetreuung in der Schule in vielen Familien durchaus den Frieden retten könnte, weiß auch Erziehungswissenschaftler Peter Struck:

»Mama, Hausaufgaben und das Kind an einem Tisch, das geht oft schief. Die Eltern haben bei all den Anforderungen im Alltag nicht immer Zeit und Kraft, ausführlich bei den Schulaufgaben zu helfen oder sich mit anspruchsvollen Lerninhalten auseinanderzusetzen.«

Umso mehr muss man sie loben: Besondere Fleißpunkte heimsen übrigens Alleinerziehende ein. Sie kümmern sich genauso intensiv um ihren Nachwuchs wie Elternpaare. 73 Prozent üben mit ihrem Kind, wie es nur 67 Prozent der Paare tun. Pauken, Hausaufgaben kontrollieren, Erklären und Abhören, Gespräche mit dem Lehrer führen, Lernhilfen kaufen – das elterliche Sorgen um das schulische Weiterkommen des Nachwuchses zeigt sich durchweg unabhängig davon, ob nun allein oder zu zweien erzogen wird. Alleinerziehende besuchen auch öfter Elternabende als Paare, und die Hälfte von ihnen geben an, äußerst interessiert an Erziehungsfragen zu sein. Neben den schulischen Leistungen gilt beiden Gruppen das Thema Gesundheit und Ernährung als besonders wichtig.

»Da Alleinerziehende weniger Geld zur freien Verfügung haben als Paare, können sie ihren Kindern seltener kostenpflichtige Angebote wie Lernhilfen und Sprachreisen bieten. Generell sind es auch deutlich eher die Mütter, die für die Erziehung der Kinder die Verantwortung übernehmen, mit ihnen üben, Nachhilfe organisieren und mit den Lehrern sprechen. Sie sind insgesamt auch stärker an Erziehungsfragen und Bildungspolitik interessiert als die Väter«,

erläutert Gaby Miketta, Chefredakteurin von FOCUS SCHULE. Und mit Blick auf die Leserinnenschaft des eigenen Blattes stellt sie fest, dass es vor allem die Mütter seien, die Ratgeberbücher oder Zeitschriften zum Thema Schule und Kindererziehung läsen, um ihre Kinder so gut wie möglich zu unterstützen. Und das springt uns Ratsuchenden aus den Seiten entgegen, schallt aus dem Radio und wird im Fernsehen gesagt:

»Eltern müssen für eine ruhige Atmosphäre sorgen und Radio, Fernsehen und Computer ausschalten!«
»Es ist wichtig, dass die Hausaufgaben immer am gleichen Platz erledigt werden!«
»Loben Sie das Kind eher für die Leistung als für ein konkret erzieltes Ergebnis!«
»Loben Sie nicht dauernd, das Kind muss lernen, dass es für sich selbst lernt!«
»Überprüfen Sie die richtigen Lichtverhältnisse am Schreibtisch! Linkshänder brauchen Lichteinfall von rechts, Rechtshänder von links!«
»Belohnungen oder Pausen sind als Motivationsstrategie nicht geeignet!«
»Richten Sie kleine Pausen zwischen den einzelnen Aufgaben ein!«
»Die Eltern sollten den Kindern klarmachen, dass sie selbst die Verantwortung für ihre Hausaufgaben tragen!«
»Hausaufgaben müssen ohne Hilfe zu schaffen sein. Eltern sind keine Hilfslehrer, die Vermittlung des Lehrstoffs ist Sache der Schule!«
Und, und, und

In der Wirklichkeit, in der konkreten Umsetzung, da sehen diese hehren Grundsätze dann beispielsweise so aus:

Sehr geehrte Frau Unverzagt,
als Mutter zweier Kinder (1 x Grundschule, 1 x Gymnasium) kenne auch ich die tägliche Wut und Ohnmacht, wenn meine Kinder mit dem neuesten Lehrstoffwust nach Hause kommen, der dann zu Hause strukturiert, gelernt und vertieft werden muss. Ich frage mich, warum Unterricht oft so unstrukturiert und chaotisch verläuft, wenn es mir als Mutter (inzwischen) ein Leichtes ist, den Lehrstoff anschaulich und altersgerecht so aufzubereiten, dass bei meinen Kindern nach kürzester Zeit der Aufruf »ach sooo, das ist ja eigentlich ganz leicht!« zu hören ist. So findet auch bei uns das Lernen mehr und mehr zu Hause statt, und ich verbessere täglich meine Allgemeinbildung und hole Versäumtes aus meiner eigenen Schulzeit nach (ich kenne inzwischen alle 4 Vornamen von Mozart, habe gerade mit meiner Großen an die 22 antike Götter gelernt, kenne mich bestens in deutscher und englischer Grammatik, Punktsymmetrie und den Unterschieden zwischen einfachem und doppeltem Rohrblatt bei Holzblasinstrumenten aus).
Inzwischen wird in unserer Familie auch an den Wochenenden munter gelernt (wir sind hier in Baden-Württemberg ja mit dem G8 der Frau Schavan beglückt worden, das ihr Nachfolger Herr Rau jetzt auf Biegen und Brechen durchziehen möchte), und die Wochenendaktivitäten werden um das Lernprogramm meiner Kinder herumgebaut.
Auch früher gab es Lehrer, bei denen nichts gelernt wurde. Aber wer damals keine vernünftige Unterrichtsvorbereitung machte, galt als schlechter oder fauler Lehrer (oder beides). Heute, nach der Bildungsreform, gilt es ja geradezu als schick, den Schülern nur noch zu lesende Seiten oder rätselhafte Tafelbilder mit nach Hause zu geben, denn die Kinder sollen ja lernen, selbstständig zu arbeiten!

Gott sei Dank gibt es immer noch Ausnahmen. So hat eine meiner Töchter das große Glück, eine überaus engagierte, erfahrene und kluge Deutschlehrerin zu haben, da spürt man als Mutter schon so etwas wie tiefe Dankbarkeit.
Die Krönung ist für mich die neueste Stern-Serie, in der als Beispiel für eine der besten Schulen Deutschlands ein Gymnasium vorgestellt wird, in dem Fünftklässler in einer Art Lernbüro in ihren Lernecken (mit Trennwänden) sitzen und dort individuelle Lernblätter bearbeiten. Wenn sie eine Frage haben, sollen sie sich nicht an den Lehrer wenden, sondern an einen Mitschüler, der in diesem Bereich schon »Experte« ist.
Ich hoffe, dass endlich diskutiert wird, worin der wirkliche »Notstand« der Bildungsmisere begründet liegt – nämlich in der oft katastrophalen Qualität des Unterrichtes. Ich wünsche Ihnen und Ihrer Familie von Herzen alles Gute!
Mit freundlichen Grüßen
M. B.

Dass es besonders nervt, wenn Mama oder Papa (noch schlimmer) sich ungefragt daneben setzen, um nach Kräften zu helfen und zu motivieren, hat Ulrich Trautwein, Bildungsforscher am Max-Planck-Institut, als wichtigstes motivationales Einzelproblem der kleinen Schularbeiter diagnostiziert. Im *ZEIT*-Interview vom 20. Oktober 2006 warnt er mit Blick auf seine Forschungsergebnisse Eltern davor, sich zu stark einzumischen, denn das führe zu Abhängigkeit.

»Aktive Hilfe muss die Ausnahme bleiben. Das ist ein bisschen wie bei der Medikamentenvergabe. Wird kurzfristig interveniert, etwa bei Kopfschmerzen, ist es sinnvoll. Langfristige Interventionen dagegen führen zur Abhängigkeit. Es macht einen großen Unterschied, ob Eltern ihre Hilfe nur anbieten oder ob sie sich aufdrängen. Wiederholte unangeforderte Hilfe ist schädlich.«

Dann denke das Kind, dass es wohl ziemlich schlecht sein müsse, wenn seine Eltern ihm ständig helfen wollten. Vielleicht komme es sogar zu dem Schluss, dass Hausaufgaben etwas Unangenehmes sein müssen, und Elternhilfe wirke doppelt negativ. Sein erfreuliches, reizendes, hilfreiches Fazit:

»Eltern können ihren Kindern oft am meisten helfen, indem sie nicht helfen.«

Behutsam spielt er den Ball dahin zurück, wo die Hausaufgaben entspringen. Wenn Hausaufgaben so auf den einzelnen Schüler zugeschnitten wären, dass sie ihn herausfordern, er sie aber gleichzeitig noch bewältigen kann, sind sie gut. Hausaufgaben müssten nach Fähigkeitsniveau individualisiert werden. Wenn das gelingt, sind Aufgaben so, wie sie sein sollten:

»Sie regen Schüler zum selbstregulierenden Arbeiten an und haben neben dem Leistungszuwachs einen pädagogischen Nutzen. Leider ist die Qualität der Hausaufgaben oft nicht optimal – unter anderem deshalb, weil Hausaufgaben selten ein Thema in der Lehrerausbildung sind.«

So weit die Theorie. Bis sich das in der Praxis herumgesprochen haben wird, müssen wir sehr tapfer sein und auch weiterhin versuchen, nicht auf dem schmalen Grat zu straucheln, der zwischen der banalen Erkenntnis verläuft, dass ein Kind nicht genug lernt, und dem besseren Bestreben, das zu ändern. Es gibt ja auch durchaus nervenschonendere Wege, das Hausaufgabenproblem aus der Familie rauszuhalten – wenn sie auch leider nicht für jeden gangbar sind.

»Der Schulerfolg darf nicht vom Geldbeutel der Eltern abhängen«, sagt im Sommer 2005 die damalige Bundesbildungsministerin Edelgard Bulmahn.

Darf er nicht, tut er aber: Jeder vierte Schüler in Deutschland erhält bezahlten Nachhilfeunterricht, wie die Erhebung des Instituts der deutschen Wirtschaft im Jahr 2005 ermittelt. Dass sich ihre Lehrer niemals oder lediglich in einigen Stunden für den Lernfortschritt einzelner Schüler interessieren, meinten fast 60 Prozent der befragten Schüler.

Ein systematisches Förder- und Unterstützungssystem gibt es in deutschen Schulen nicht. Also organisieren viele Eltern Nachhilfestunden für ihre Kinder, die sie selbst finanzieren müssen – und geben dafür und für Bücher, Software und andere Lernmittel nach Angaben des Statistischen Bundesamtes jährlich etwa 4,6 Milliarden Euro aus. Kinder aus Haushalten im oberen Einkommensviertel nehmen dabei mehr als doppelt so häufig (36 Prozent) bezahlte Nachhilfe in Anspruch wie Kinder, die in Haushalten des unteren Einkommensviertels (15 Prozent) aufwachsen. Da klingt es schon wie blanker Hohn, wenn Edelgard Bulmahn die Daten des Instituts der deutschen Wirtschaft mahnend kommentiert:

> »Wir können uns kein Schulsystem leisten, das auf bezahlte Nachhilfe angewiesen ist und damit die soziale Ungleichheit weiter verstärkt.«

Logischerweise sattelt die Ministerin die übliche Lösung drauf und fordert die Länder auf, den Ausbau von Ganztagsschulen zügig voranzutreiben. Dabei scheinen Ganztagsschüler, von denen zehn Prozent Nachhilfe erhalten, doch nur unwesentlich weniger nachhilfebedürftig zu sein als die elf Prozent Schüler, die eine Halbtagsschule besuchen und nachmittags privaten Zusatzunterricht genießen. Das jedenfalls ist ein Ergebnis aus der repräsentativen Eltern-Befragung durch das Meinungsforschungsinstitut »forsa«, die im gleichen Jahr der Frage nachging, ob deutsche Schulen gut oder ausreichend sind. Auch erhielten Kinder erwerbsloser Eltern nur um einen Prozentpunkt weniger Nachhilfe als Kinder erwerbstätiger Eltern.

»Es sind weiß Gott nicht die reichen Eltern, die sich an uns wenden, sondern die, die einfach wissen, dass sie keine Alternative haben. Viele sparen sich das vom Mund ab«,

sagt Kerstin Griese, Sprecherin des zum Berliner Schulbuchverlages »Cornelsen« gehörenden »Studienkreis«, der zusammen mit der »Schülerhilfe«, Teil der nordamerikanischen Firmengruppe »Sylvan«, bundesweit rund 2000 Niederlassungen betreibt. Eltern hätten ihre Leidensgeschichte schon hinter sich, wenn sie sich dann an den »Studienkreis« wänden, um die Schulproblematik ihrer Kinder zu lösen – nachmittägliche Hausaufgabenmarathons, schlechte Noten und Schulfrust der Kinder. Schule erwarte einfach von Eltern, dass sie sich kümmerten, all das Üben, Kontrollieren, Nacharbeiten bleibe den Eltern überlassen, die damit nicht selten komplett überfordert seien.

»Der Staat zieht sich raus aus der Verantwortung, Schule bietet eine Mindestversorgung, mehr nicht.«

Sie habe Lehrer so oft sagen hören, wer Nachhilfe bräuchte, gehöre eben nicht auf diese Schule – das sei doch das eigentlich

Erschreckende. »Natürlich ist Nachhilfe ein funktionierender Bestandteil des deutschen Bildungssystems«, sagt Kerstin Griese und lacht auf. Den Einwand, dass private Nachhilfe als Teil der Schulbildung anzuerkennen auch bedeutet, Reformen zu verzögern, hat sie schon oft gehört – und weiß ihm zu begegnen.

»Wir ermöglichen wenigstens den Schülern, deren Eltern das bezahlen können, in der Schule mitzuhalten. Und was wäre denn die Alternative? Vier, fünf Jahre warten, dass der Leidensdruck immens anwächst, auf eine Reform, die dann doch nicht kommt?«

Immerhin bleiben in Deutschland 250 000 Schüler pro Schuljahr sitzen, 220 000 Schüler verlassen die Schule ohne ausreichende Ausbildungsreife, darunter 90 000 ganz ohne Abschluss.

»Die mangelnde Effizienz des Schulsystems verursacht Kosten von insgesamt 3,7 Milliarden Euro«, stellt auch die IW-Studie fest. Im Jahr 2004 seien noch weitere 3,4 Milliarden Euro hinzugekommen, die für nachschulische Reparatur schulischer Defizite ausgegeben wurden. Die Autoren der Studie bemängeln, dass die Kosten für die vielfältigen Maßnahmen der Bundesagentur für Arbeit oder freier Träger, um Jugendliche mit mangelnder schulischer Bildung nachzuqualifizieren, aus dem Bundeshaushalt bestritten würden, »anstelle einer verursachergerechten Finanzierung«.

Überschlägt man die Einzelposten dieser Reparaturrechnung, von der Eltern aus eigenen Kräften ein gutes Drittel aufbringen müssen, kommt man locker auf knapp 12 Milliarden Euro, mit denen der marode Bildungsbetrieb mehr schlecht als recht in Gang gehalten wird. Lohnt sich das?

Die subjektive Zufriedenheit der Eltern und Schüler mit dem Nachhilfeunterricht ist überaus hoch, weil er effektiv und zuverlässig dabei hilft, die Noten zu steigern. Innerhalb von sieben Monaten klettern die Noten im Durchschnitt um einen Notenpunkt, in einem Zeitraum von sechs bis 14 Monaten stiegen die Zensuren in Fremdsprachen und Mathematik sogar um eine ganze Note, zitiert Rüdiger-Philipp Rackwitz aus seiner Analyse verschiedener Studien zum Nachhilfeunterricht, die seit Bestehen der Bundesrepublik durchgeführt wurden. Auch verbesserten sich dank Nachhilfe die schulbezogenen Haltungen der Schüler gegenüber ihren Eltern, den Lehrkräften und sogar den Hausaufgaben. Prüfungsängste reduzierten sich und das Selbstwertgefühl werde gesteigert, nennt er weitere Befunde aus verschiedenen Untersuchungen zu den Auswirkungen von Nachhilfe.

In seinem Aufsatz »Bildungsfaktor Nachhilfe. Erkaufte Bildungschancen« in der Zeitschrift *Pädagogik* im vergangenen Jahr veröffentlichte er seine Analyse mit dem Anliegen, dieses »parallele Bildungssystem« etwas zu erhellen. Denn in bildungspolitischen Diskussionen werde dieses Phänomen kaum beachtet, und auch im erziehungswissenschaftlichen Bereich führt die Nachhilfe eher ein Schattendasein,

> »obwohl ihr Vorhandensein und das Ausmaß ihres Auftretens ein weiteres Indiz für die dringende Reformierung des deutschen Schulsystems ist«.

Wie wahr. Die geflissentliche Meidung des Themas in Bildungsdebatten und Besorgnisgebärden steht in eigentümlichem Gegensatz zu seiner stillschweigenden Ausbreitung. Kommerzielle Nachhilfe ist seit Jahren eine Wachstumsbranche. Der Jahresumsatz der kommerziellen, öffentlichen und privaten Anbieter liegt bei geschätzten zwei Milliarden Euro. Genau lässt sich das nicht beziffern, denn kommerzielle Nachhilfe muss nicht öffentlich abrechnen. Staat und Branche pflegen die friedliche Koexistenz, man hat sich arrangiert. Kommerzielle Nachhilfeanbieter sind von der Umsatzsteuer befreit, denn Umsatzsteuerrichtlinie 112 stuft Nachhilfe als Teil der Schulbildung ein – im Steuerrecht, nicht im Schulrecht. Damit verzichtet der Staat auf Steuern zwischen 150 und 180 Millionen, wenn im Januar 2007 die Umsatzsteuer auf 19 Prozent steigt. Die Branche darf sich selbstbewusst geben.Vor dem Hintergrund der über 250 000 Sitzenbleiber im Jahr, die den Steuerzahler mit 1,2 Milliarden Euro teuer zu stehen kommen,

»wirkt es erstaunlich, dass Nachhilfeeinrichtungen von vielen Bildungsverantwortlichen immer noch stigmatisiert werden. Sorgen sie doch in hohem Maße dafür, dass über 50 000 Kinder und Jugendliche den Sprung in die nächste Klasse schaffen. Wir sparen den Steuerzahlern somit 240 Millionen Euro«,

heißt es auf der Homepage des Verbandes der Nachhilfe- und Nachmittagsschulen (VNN), zu dem sich die größten Anbieter zusammengeschlossen haben.

Die Mängel des Schulsystems machen den Eltern Sorgen, und das ist natürlich auch ein einträgliches Geschäft, dem allerdings in den allermeisten Fällen eine gehörige Durststrecke vorausgeht. Eltern wissen ziemlich genau um die Bedeutung einer erfolgreichen Schullaufbahn und eines guten Schulabschlusses für die Aussichten auf dem Arbeitsmarkt. Wer wollte ihnen verübeln, wenn sie mit Argusaugen auf die Noten achten und schnell eine Ehrenrunde heraufdämmern sehen, wo der Nachwuchs noch müde abwinkt?

Die Beziehungen zwischen Eltern und Kindern mögen heute konfliktfreier und harmonischer verlaufen als früher, wie verschiedene Jugendstudien immer wieder betonen. Doch das Thema Schule kann den häuslichen Frieden enorm belasten. Die Sorgen der Eltern führen zu Spannungen, Missverständnisse blühen auf und Frust macht sich breit. Je nach Nervenstärke und Zeitbudget der Eltern kann sich das hinziehen, aber irgendwann verspricht nur noch der Einsatz eines Lernprofis Rettung.

Wenn Eltern dann eher eine Nachhilfeschule suchen, als sich mit der Schule in Verbindung zu setzen, liegt das nicht nur an ihrer Konfliktscheu oder ihrer Resignation aufgrund enttäuschter Erwartungen an die Schule und ihre Lehrer. Es birgt auch eine ernstzunehmende Kritik am Schulangebot. Viele Eltern sind mit der starren Organisation des Schulalltags genauso unzufrieden wie mit der verkrusteten Unterrichtsstruktur, dem bürokratischen und noch vorgestrigen, obrigkeitsstaatlichen Gehabe der Schulleitungen. Sie vermissen eine gewisse Rücksicht auf ihre Bedürfnisse und die ihrer Kinder im schulischen Alltag. Viele Eltern wünschen sich eine gute Betreuung ihrer Kinder auch am Nachmittag und sind darauf angewiesen, damit sie ihrem Beruf nachgehen können – aus schierer wirtschaftlicher Notwendigkeit und nicht aus unstillbarem Selbstverwirklichungsdrang. Vor allem spüren Eltern genau, wie schlecht es unter den heute herrschenden Bedingungen selbst engagierten und kompetenten Lehrern gelingt, das Leistungspotential der Kinder zu entfalten und ihren Bildungsweg optimal zu unterstützen – oder doch wenigstens nicht allzu brachial zu behindern. Sie entscheiden sich nicht für private Nachhilfe, weil sie in gnadenlosem Ehrgeiz kleine Einsteins in ihren Kindern sehen und sie zu Spitzenleistungen antreiben wollen, sondern weil sie und ihre Kinder mit dem Standardangebot des Unterrichts der staatlichen Schulen nicht gut bedient sind.

Mit der Unterschrift unter dem Nachhilfevertrag verbinden sich große Hoffnungen; und die Nachhilfefirmen überbieten sich mit Versprechen, die Kompetenzen der Kinder zu steigern.

Sorgsam wird zunächst der Bedarf des Kindes geklärt, ein individueller Lernplan ausgetüftelt und wenn nötig, ein zusätzliches Kompetenztraining in Sachen Konzentration oder Arbeitstechniken vereinbart. Die Preise für die Dienstleistung schwanken, denn die Kosten von Nachhilfeanbietern wie Studienkreis und Schülerhilfe sind regional verschieden. Üblich sind ein, zwei Termine pro Woche. 45 Minuten kosten acht Euro, sagt Kerstin Griese vom »Studienkreis«, das macht im Durchschnitt etwa 100 Euro im Monat. Das liegt deutlich unter den mindestens 25 Euro, die ein privater Nachhilfelehrer schon mal für 90 Minuten Mathe verlangt – wenn man ein Kind hat. Hat man vier, wie die gerade mal halbe Million Eltern in Deutschland, die drei und mehr Kinder aufziehen, wird das schon schwieriger.

Offensichtlich finden Eltern es einfacher, für Nachhilfe zu zahlen, als für Verbesserungen in der Schule zu kämpfen – kannst du vergessen, hat ja sowieso keinen Zweck, so hört man es immer wieder in der Geborgenheit der Elternstammtische murmeln. Und auch das: Der Lehrer sitzt immer am längeren Hebel. Und wenn der Leidensweg der Familien nicht im Schulabbruch der Kinder enden soll, muss etwas passieren. Den Bildungsauftrag per Outsourcing zu erledigen ist eben einfacher, als das Schulwesen zu reformieren. Und es geht auch schneller, über Nachhilfe Abhilfe zu schaffen, als darauf zu warten, dass sich die Schulen verändern.

»Dem deutschen Schulsystem gelingt es nicht, vom Kind aus zu denken und schrittweise gezielte und genau angepasste Förder- und Forderstrukturen einzuleiten, die dem jeweils erreichten Fähigkeits- und Kompetenzstand des Kindes angemessen sind. Im Gegenteil denkt das deutsche Schulsystem von den vorhandenen Institutionen aus und fragt; ob ein Schulkind den Anforderungen des Schultypes A oder des Schultypes B besser gerecht werden kann«,

sagt der Bielefelder Professor Klaus Hurrelmann und konstatiert

»eine institutionelle Verantwortungslosigkeit, die einer Förderkultur entgegensteht, welche auf die Optimierung der Leistungsfähigkeit jedes einzelnen Kindes gerichtet ist«.

Selbstverständlich entstehen diese Defizite im Schulsystem selbst und können nicht allein mit persönlichem Engagement von Lehrern aufgefangen werden.

Das klingt nur paradox: Die Nachhilfeinstitute prosperieren in Deutschland, weil sie genau auf dieses Defizit reagieren. Sie bieten jedem einzelnen Schüler einen individuell zugeschnittenen Förderplan an. Erfolgreich sind sie schließlich nur, wenn sie Lücken genau feststellen, Potentiale wecken und Begabungen entfalten – und wenn sie nicht erfolgreich sind, bleibt die Kundschaft weg. Damit leisten sie genau den Dienst am Schüler, den die öffentliche Schule ihm schuldig bleibt.

Nachhilfeunterricht ist effektiv, aber nicht nur weil der Nachhilfelehrer mit Fünfergruppen statt 30-köpfigen Klassen arbeitet und sich deshalb nicht an einem fiktiven Leistungsniveau orientiert, das im Allgemeinen nur für ein Drittel der Klasse mit den wirklichen Voraussetzungen übereinstimmt, sondern sehr gezielt Lernimpulse am jeweiligen Entwicklungsstand eines Schülers ausrichtet. Sondern auch, weil kommerzielle Nachhilfeunternehmen sich hüten würden, ihre zahlende

Klientel als multikausal gestörte Kinder erziehungsversagender Eltern zu beschreiben, die man nur mit Druck und schäbigen Bemerkungen zum Aufnehmen und punktgenauen Ausspucken von Unterrichtsstoff bringt. Stattdessen wird man nicht müde, auf Anbieterseite werbend zu betonen, dass jedes Kind lernen kann zu lernen, und sich eher auf die Zunge beißen als einem kindlichen Kunden zu sagen, dass er eben zu doof für die (Nachhilfe-)Schule sei und nicht hierher gehöre. Im Unterschied zu öffentlichen müssen Nachhilfeeinrichtungen sensibel auf die Wünsche der Eltern und die Bedürfnisse der Schüler reagieren. Gehen sie auf Kundenwünsche nicht ein, können sie sich auf dem privat finanzierten Bildungsmarkt nicht halten. Da setzt sich viel pädagogischer Ethos im marktwirtschaftlichen Getriebe schon ganz von alleine um. Sicher gibt es windige Anbieter, miese Vertragskonditionen, überhöhte Preise und satte Gewinne; aber auch die Kinder profitieren – wenigstens die, deren Eltern sich das leisten können. Und was wird aus den anderen?

»Die Nachhilfeeinrichtungen in Deutschland tun das, was aus den international vergleichenden PISA-Studien als dringende Entwicklungsaufgabe für das deutsche Bildungssystem gefordert wird: Sie realisieren die individuelle, gezielte Förderung von fachlichen Leistungen. Sie sind um ihres Erfolges willen gezwungen, die Schüler – um einen traditionellen pädagogischen Programmsatz zu zitieren – dort abzuholen, wo sie nun einmal stehen. Sie werden dort abgeholt, um weitergeführt zu werden und ihren gegenwärtigen Stand zu überbieten«,

stellt Klaus Hurrelmann fest und steckt ganz neue Horizonte auf. Nicht nur die Schüler, sondern auch die Schulen könnten Nachhilfe gebrauchen:

»So mancher öffentlich-rechtlichen Schule würde es sehr guttun, wenn sie Organisationselemente einer modernen Nachhilfeeinrichtung übernähme.«

Zum Beispiel in puncto Qualitätssicherung kann sich Hurrelmann da einiges vorstellen und begrüßt den Schritt, den die größte Nachhilfeorganisation Deutschlands, der Studienkreis, gegangen ist, indem er ein formelles Zertifizierungsverfahren für sein Angebot eingeleitet hat. Während die staatliche Schule sich noch ziert, ihre Arbeit überprüfen zu lassen und gewisse Berührungsängste zugibt, die im Zusammenhang mit der Kontrolle durch Schulinspektoren, mit Unterrichtsbesuchen, mit Schülerbewertungen und vielem mehr auf eine ganz normale Schule zukommen können, demonstrieren die Nachhilfeeinrichtungen, wie so etwas angegangen werden kann.

Kerstin Griese sieht das nüchtern. Der Boom von Nachhilfeeinrichtungen in den letzten Jahren mache den Check einfach nötig. Also habe man den TÜV-Rheinland, der von der Bundesagentur für Arbeit akkreditiert ist, Weiterbildungsangebote zu auditieren, gebeten, das Nachhilfeangebot des Studienkreises in allen Niederlassungen zu prüfen.

»Unterrichtsbesuche und die Erstellung einer Dokumentation dienen dem Unternehmen ja auch dazu, Werbeaussagen zu prüfen – einfach sagen, dass man gut ist, das kann ja jeder«,

betont Kerstin Griese. So werde unter anderem geprüft, ob in den fünfköpfigen Lerngruppen eine differenzierte Einstufung und Lehrer-Eltern-Kontakte stattgefunden haben, die Qualifikation der Lehrkräfte ausreiche oder die Kinder einen zusätzlichen Lernkompetenzkurs brauchten. Und neuerdings muss jeder Mitarbeiter mit seiner Unterschrift glaubhaft machen, nicht den Lehren des Scientology-Gründers Ron L. Hubbard anzuhängen.

Werden diese Schritte zur Qualitätssicherung weitergeführt, könnten Nachhilfeeinrichtungen in der Bildungspolitik Maßstäbe setzen, glaubt Klaus Hurrelmann, denn sie tragen damit zu einer weiteren Professionalisierung des pädagogischen Dienstleistungssektors bei.

In einem weiteren Schritt könnte eine Akkreditierung durch eine unabhängige, öffentlich kontrollierte Agentur angestrebt werden. Gerade in der voranschreitenden Verselbstständigung der öffentlichen Schulen können sie von den Erfahrungen der Nachhilfeinstitute profitieren. Jede Grundschule, jede weiterführende Schule sieht er künftig als selbstständige Einheit mit eigenem Budget, eigenem Personalauswahlrecht und eigenem Fachprofil –

»ein Garant für qualitätsreiches pädagogisches Arbeiten und vor allem für eine Überwindung des angesprochenen strukturellen Förderdefizits unseres Schulsystems«.

Das könnte klappen. Eine selbstständige Schule wäre nämlich zwangsläufig interessiert, möglichst viele Schüler zu gewinnen und sie so gut wie möglich zu fördern. Sie müsste Verantwortung übernehmen und hätte nicht länger die Möglichkeit, einen Schüler in eine andere Schulform abzuschieben, weil er mit dem überkommenen Lernprofil der jetzigen Schulform nicht übereinstimmt.

»Die Nachhilfeeinrichtungen wissen, wie man eine solche Aufgabe lösen kann. Sie haben auch die organisatorischen Kenntnisse, um die entsprechenden Personal- und Lernplanbedingungen zu erfüllen«, sagt Klaus Hurrelmann und sieht in Einrichtungen wie Privatschulen und Nachhilfeschulen so etwas Ähnliches wie einen »Sauerteig im deutschen Bildungskuchen«.

Bleibt die leidige Geldfrage. Vielleicht könnten öffentliche Schulen und private Nachhilfeinstitute zusammenarbeiten? In gewisser Weise tun sie das ja schon, wenn die einen die Versäumnisse der anderen am Nachmittag auffangen helfen.

»Hauptschulen, Realschulen oder Gymnasien könnten Teile des Nachmittagsangebots in die Hände von Nachhilfeinstitutionen geben und damit das Angebot dieser Einrichtungen allen Schülerinnen und Schülern zugänglich machen«,

schlägt Hurrelmann vor. Doch dieser Teil des Private-Partnership-Modells funktioniert dank des finanziellen Engagements der Eltern ja schon ganz gut, jedenfalls solange die Eltern bereit sind, aus dem eigenen Portemonnaie die Reparaturrechnung zu begleichen.

7. Kapitel

Private Reparaturversuche II: Schulen freier Träger

von Frank Drescher

Nur einmal angenommen, Nordrhein-Westfalen wäre so etwas wie das Internat Deutschlands und sämtliche Schüler an allgemeinbildenden Schulen wären an Rhein und Ruhr untergebracht, dann würden sämtliche Wohngebäude der Stadt Bochum, die im Jahre 2003 knapp 378 000 Einwohner zählte, heute wohl komplett leer stehen (und die etlicher umliegender Gemeinden obendrein), so stark sind zwischen 1995 und 2005 die Schülerzahlen an den öffentlichen Schulen Deutschlands zurückgegangen, nämlich exakt um 404 600. Nach Angaben des Statistischen Bundesamtes drückten 1995 noch 9,74 Millionen Schüler die Bänke staatlicher Schulen (Vorschulkindergärten und Abendschulen nicht mitgerechnet), 9,34 Millionen waren es zehn Jahre später. Im gleichen Zeitraum hätte aber die Stadt Leverkusen (ca. 162 000 Einwohner) neu erbaut werden müssen, um den Zuwachs derjenigen Schüler zu beherbergen, die eine private Lehranstalt besuchen. Um präzise 161 655 Köpfe auf 639 419 ist ihre Zahl gewachsen, wie ebenfalls das Statistische Bundesamt mitteilt. Obwohl es also immer weniger Schüler gibt, lernt ein immer größerer Teil von ihnen an privaten Schulen beziehungsweise, wie es korrekterweise heißt, an »öffentlichen Schulen in freier Trägerschaft«.

Das wirft Fragen auf: Ist das der Ausdruck des viel beschworenen neoliberalen Zeitgeistes? Oder leisten private Schulen einfach nur bessere Arbeit als staatliche Schulen? Spricht man mit Vertretern der organisierten Elternschaft, also Bezirks-, Landes- oder Bundeselternräten, ist der Tenor einheitlich. Stellvertretend hierfür stehen die Beobachtungen einer Berliner Elternvertreterin, die lieber ungenannt bleiben möchte. Sie sagt, die Lehrer an Privatschulen fehlten nicht so oft, die Klassen seien ruhiger, die Schüler erfolgreicher, die Lehrer nicht so gleichgültig und:

»Die Lehrer sind da auch in der Lage, sich mal selbst in Frage zu stellen, und machen sich mehr Gedanken ums Kind. Und Lehrer an staatlichen Schulen sind gehetzt und haben nie Zeit.«

Irgendetwas machen Privatschulen, pardon: Schulen in freier Trägerschaft, anscheinend anders, womöglich sogar besser als die staatliche Konkurrenz. Aber was?

Einen Hinweis hierauf liefert die Frage, warum es überhaupt private Schulen gibt: weil Eltern es so wollen. Und nicht, weil Politiker aufgrund von Geburtsstatistiken, Bevölkerungsprognosen und Bedarfsanalysen in Ausschusstagungen und Ratssitzungen beschlossen haben, eine zu bauen (oder auch wieder zu schließen).

★

Im uckermärkischen Prenzlau gibt es, wie zu Hunderten in ganz Deutschland, so eine elterngewollte Schule, die »Aktive Naturschule«, getragen von einem eingetragenen Verein, der daneben auch drei Kindertagesstätten betreibt, und ebendie Schule, bestehend aus zwei Grundschulen und einer Oberschule bis zur 10. Klasse, die mit der mittleren Reife abschließt. Diese Schule ist mitnichten repräsentativ für die freien

Schulen in Deutschland, vielmehr ein zufällig gewähltes Beispiel.

Zu den Schulgründern gehört Thomas Schuberth, der sich an seine Schulzeit in der DDR mit gemischten Gefühlen erinnert: Fachlich habe er zwar eine Menge gelernt. Doch als ihm nach der Wende bewusst wurde, wie sehr ihn das realsozialistische Schulwesen auch indoktriniert hatte, begann er, dem staatlichen Schulwesen zu misstrauen.

»Sie müssen bedenken, das war die Zeit kurz nach der Wende, da gab's für mich gar keine Frage, etwas radikal anderes auszuprobieren. Im staatliche Schulwesen waren ja dieselben Lehrer, dieselben Räume, dieselbe Ausstattung wie früher«,

sagt er. Für seine Kinder wollte er eine freiere Ausbildung als die, die er selbst erfahren hatte. Durch Kita-Kameraden seiner Kinder und deren Eltern erfuhr er von verschiedenen Ansätzen der Reformpädagogik und fand in ihnen Gleichgesinnte, die gemeinsam etwas bewegen wollten.

Was 1991 als Idee einiger Engagierter begann, ist heute zu einem kleinen, lokalen Bildungsverbund gewachsen, der 180 Kinder und Jugendliche vom Krippenalter bis zur 10. Klasse betreut, erzieht und unterrichtet. Den ehrenamtlichen Einsatz der Eltern fordert die Schule jeden Tag aufs Neue ein, sagt Thomas Schuberth. Aus öffentlichen Mitteln erhalte die Schule nämlich gerade einmal 94 Prozent der Kosten erstattet, die dem Personal an einer staatlichen Schule gleicher Größe bezahlt würden. Das heißt: Von den öffentlichen Zuschüssen sind zwar die Lehrer entlohnt, aber es ist noch kein einziges Schulbuch gekauft, kein Stück Tafelkreide bezahlt und vor allem ist davon noch nicht einmal der Grundstein des Schulhauses gelegt. Und:

Die staatlichen Zuschüsse gab es von Rechts wegen erst, nachdem die Schule schon ein paar Jahre existierte, vorfinanziert durch die Eltern.

Deswegen müssen die Eltern Schulgeld zahlen, mindestens 40 Euro monatlich. Und das ist nur der Satz für Geringverdiener. Bessergestellte zahlen deutlich mehr, im Durchschnitt sind es 100 Euro.

»Ich kann in ein dickes, schnelles Auto investieren – oder in meine Kinder. Diese Wahl habe ich«,

sagt Thomas Schuberth. Und was ist mit denen, die diese Wahl nicht haben: Ist der Besuch einer solchen Schule nur etwas für Wohlhabende? »Nein«, so Schuberth, »wir haben etliche Eltern, die langzeitarbeitslos sind.« Schulen in freier Trägerschaft dürfen ohnehin keinem Kind den Schulbesuch aus wirtschaftlichen Gründen verwehren, das ist (in Artikel 7 [4]) grundgesetzlich verbrieftes Recht.

Gerade weil eine Schule wie die Aktive Naturschule Prenzlau nicht vom Geld allein lebt, müssen Eltern wie Lehrer immer wieder Wege finden, die das Überleben der Schule sichern. Das können so banale Dinge wie der Verzicht auf Putzfrauen sein, deren Aufgaben die gesamte Schulgemeinschaft aus Schulpersonal, Eltern und Schülern übernimmt. Alle Eltern müssen sich verpflichten, jedes Jahr mindestens 16 Stunden ehrenamtliche Arbeit in der Schule zu verrichten, also umgerechnet zwei Urlaubstage. Dieses ehrenamtliche Engagement beschränkt sich beileibe nicht nur aufs Kuchenbacken fürs Schulfest, sondern kann auch dazu führen, dass die Eltern Praxiswissen aus ihrem Berufsalltag im Unterrichtsfach Wirtschaft-Arbeit-Technik weitergeben. Doch die meisten – und nicht nur die langzeitarbeitslosen – engagieren sich noch sehr viel stärker, sagt Thomas Schuberth, und zwar nicht nur zeitlich, sondern auch finanziell. Wie weit das elterliche Engagement geht, ist im Schulgarten zu beobachten. Dort steht ein Bioenergiekraftwerk, das vom Öl uckermärkischen Rapses befeuert wird. Ermöglicht haben es Eltern, die für einen Hersteller regenerativer Energieanlagen arbeiten. Der übernahm auch die 50 000 Euro Investitionskosten, die für die Errichtung der Anlage anfielen. Er berechnet der Schule nur die Kosten für Heizenergie, die das Biokraftwerk liefert.

Die Schule tut damit nicht nur etwas für die Umwelt, sondern verfügt außerdem über ein mit einem Unterrichtsraum ausgestattetes Anschauungsobjekt für den technisch-naturwissenschaftlichen Unterricht, in dem auch Experimente stattfinden können – und das darüber hinaus auch anderen Schulen offensteht.

Mit welchen Methoden an der Aktiven Naturschule gelernt wird, davon kündet auch ein hölzernes Amphitheater ein paar Schritte hinter dem Lernkraftwerk. Es ist das Ergebnis des Projektunterrichtes, der sich ein halbes Jahr lang einmal wöchentlich fächerübergreifend mit einem bestimmten Thema auseinandersetzt, in diesem Fall war es die Antike. Die Schüler haben das Amphitheater selbst gebaut, planten es vorher und lernten, worauf es ankommt, damit die Akustik möglichst einwandfrei funktioniert. Anschließend führten die Schüler dort Theaterstücke auf, und die Fotos von der Abschiedsfeier der Zehntklässler zeigen Schüler, Eltern und Lehrer bei einer fröhlichen Toga-Party, bei der die Häupter der Absolventen mit Lorbeerkränzen gekrönt wurden.

Gewiss muten solche Unterrichtsformen ungewöhnlich an gegenüber dem traditionellen Muster »alle schlafen, einer spricht, dieses nennt man Unterricht«. Doch auch Privatschulen sind an die Landesschulgesetze gebunden, und sie unterliegen derselben Schulaufsicht wie staatliche Schulen. Und sofern sie sich nicht die Mühe machen, wie etwa die Waldorf-Schulen eigene Lehrpläne zu entwickeln, die im Übrigen dann das zuständige Kultusministerium noch genehmigen muss, gilt an Privatschulen auch derselbe Lehrplan. Das ist auch der Grund, warum viele Betreiber von Privatschulen diesen Begriff, der für manche den Hautgoût von Großbourgeoisie und elitärem Oberschichtdenken verströmt, ablehnen und lieber umständlich von »öffentlichen Schulen in freier Trägerschaft« sprechen.

Und so verweist Schuldirektorin Anke Heiden souverän darauf, dass die Unterrichtsformen ihrer Schule gar nicht so extravagant sind, wie sie auf den unbedarften Betrachter vielleicht wirken mögen:

»Wenn Sie sich jetzt die Lehrpläne im Land Brandenburg genauer angucken, werden Sie feststellen, dass da vieles auch schon drinsteht von dem, was wir hier praktizieren«,

zum Beispiel die Forderung nach Praxisbezogenheit in vielen Fächern und die Vernetzung der Fächerinhalte untereinander.

Beim Bau des Amphitheaters sei es ein schöner Nebeneffekt gewesen, sagt Anke Heiden, dass Schüler, die mit der Theorie eher auf Kriegsfuß stünden, sich hier bei der Lösung praktischer Probleme beweisen konnten, etwa, wenn es das Problem zu lösen galt, rechteckige Holzbretter so zurechtzusägen, dass man sie zu einem planen, lückenlosen Halbkreisbogen anordnen konnte, dabei aber möglichst wenig Abfall erzeugte und ein bestimmtes Budget nicht überschritt.

Neben dieser Fragestellung aus der Mathematik, so Anke

Heiden, habe dieses Projekt auch Geographie abgedeckt, als mit der Entnahme von Bodenproben untersucht wurde, wie tief die Schüler das Amphitheater bauen können, bevor sie auf Grundwasser stoßen. Im Deutschunterricht lasen die Schüler antike Texte wie die Antigone, die sie als Theaterstück auch aufführten, und

»es gab heiße Diskussionen, wie gebaut werden muss, damit die Schauspieler nicht von der Sonne geblendet werden«.

Natürlich findet an der Aktiven Naturschule weitaus mehr statt als das Lernen im Projektunterricht. Die Ideen der italienischen Reformpädagogin Maria Montessori haben beim Schulkonzept Pate gestanden und sehen, innerhalb eines vorgegebenen Rahmens, ein selbstbestimmtes und selbsttätiges Lernen der Schüler vor. So ist der Unterricht nicht stundenweise in Fächer untergliedert, sondern tageweise nach bestimmten Themen: Es gibt unter anderem den Sprachentag, den Gesellschaftswissenschaftstag oder den Naturwissenschaftstag.

»Wir arbeiten so, dass sich die Schüler einen Teil ihres Wissens selbstständig aneignen, ihrer eigenen Zeit entsprechend«,

sagt die Direktorin. Im Rahmen der sogenannten Freiarbeit dürfen sich die Schüler die Lernmaterialien und ihren Lernbetreuer selbst aussuchen, also darf es auch mal die schuleigene Sozialpädagogin sein, die die Mathe-Formeln erklärt, wenn die Kinder es so wollen.

Anke Heiden betont, dass es sich dabei keineswegs um eine Besonderheit ihrer Schule handelt:

»Es gibt viele staatliche Schulen, die einen ganz ähnlichen Ansatz verfolgen.«

Auf die Frage, ob die unorthodoxen Lehrmethoden sicherstellen, dass die Kinder alles Lebenswichtige lernen, kontert sie:

»Ist denn die traditionelle Lehrweise ein Garant dafür? Wer weiß denn wirklich, wie Lernen funktioniert? Ich glaube, dass so viel mehr in den Köpfen hängen bleibt, wenn sich die Schüler das heraussuchen, was sie am meisten interessiert. Und das Erlernen von Lernmethoden wappnet sie unter Umständen viel besser fürs Leben. Das ist doch das eigentlich Wichtige: das Lernen lernen.«

Die Erfüllung der Lehrpläne sei jedenfalls durch die Unterrichtsangebote und die vorbereiteten Lernmaterialien sichergestellt.

Während Anke Heiden das alles erzählt, ist ihre Schule so gut wie ausgestorben. Die Schüler haben sich gerade in einem Kulturzentrum in der Nähe Prenzlaus für eine Projektwoche niedergelassen, wo sie die Aufführung eines selbst geschriebenen Musicals proben. Die zwölf- bis 17-jährigen Jungen und Mädchen wirken ein bisschen wie eine Hippie-Kommune: Batikgemusterte Kleidung, Samtoberteile bei den Mädchen und lange Mähnen bei den Jungen lassen für einen Moment den Eindruck entstehen, als schriebe man immer noch das Jahr 1969. Passenderweise intoniert eine Gruppe »California Dreaming«. Eine andere sägt und hämmert währenddessen an einem drehbaren Bühnenbild. Es geht chaotisch und wild zu, aber dennoch sind die Schülerinnen und Schüler mit spürbarem Ernst und Eifer bei der Sache. Für die meisten von ihnen ist es ganz selbstverständlich, dass es so in der Schule zugeht, sie kennen es ja nicht anders.

Eine Zehntklässlerin allerdings ist in der Lage, Vergleiche anzustellen, denn sie war früher auf einer staatlichen Schule. Dort habe sie sich zwar durchaus mit den Lehrern verstanden, aber:

»Ich war denen zu diskutierfreudig, ich wollte immer ein bisschen freier lernen. Hier mache ich zum Teil Stoff aus der zwölften Klasse, na ja, manchmal auch Stoff für Jüngere, und das fehlt mir einfach an staatlichen Schulen.«

Sie lobt das Miteinander von Lehrern, Betreuern und Schülern, das es auf ihrer alten Schule nicht gegeben habe. Aus dem Munde ihrer Freundin perlen sogar Worte, die bei einer Teenagerin einem seltenen Naturschauspiel gleichkommen. Sie sagt: »Ich freu mich immer auf die Schule.« Ferien hingegen fände sie langweilig. Sie verstünde auch gar nicht, warum manche von ihren Freunden, die staatliche Schulen besuchen, die Lehrer als Gegner wahrnähmen.

Hat man dafür Worte?

Den Verdacht, dass an dieser Schule das betrieben wird, was als »Kuschelpädagogik« weithin verfemt wird, weist die Schuldirektorin von sich. Nur weil das Lehrer-Schüler-Verhältnis auf Partnerschaft basiere und nicht auf purer Machtausübung, heiße das noch lange nicht, dass den Kindern keine Grenzen gesetzt würden, im Gegenteil:

»Das Setzen von Grenzen gehört ja auch in einer Partnerschaft dazu.«

Der Zwang, Macht ausüben zu müssen, ließ Anke Heiden übrigens an ihrer Berufswahl zweifeln, als sie noch an einer staatlichen Schule unterrichtete.

»Schon in der Ausbildung sagten mir meine Mentoren, ich sei zu gut zu den Kindern und müsste mehr Härte zeigen. Ich sollte da immer Autorität sein, also ich sollte so richtig auf den Tisch hauen und ein bisschen ernst mit ihnen reden – und so hab ich mir ein Lehrerdasein nicht vorgestellt.«

Sie verzichtete daher auf die lebenslange Beschäftigungsgarantie und die bessere Bezahlung, die ihr der staatliche Schuldienst bot, als sich die Gelegenheit ergab, an einer freien Schule zu unterrichten,

»weil ich hier meinen Traum verwirklichen konnte, wie man als Lehrer arbeiten kann: Man kann persönlich für die Kinder da sein.«

Das gilt insbesondere dann, wenn mal die Leistungskurve einzelner Schüler nach unten zeigt. Schwächelt einer in Mathe oder Chemie, suchen Lehrer und Eltern gemeinsam in Gesprächen mit dem Schüler nach den Gründen:

»Dann fragen wir uns, wie wir die vorbereitete Umgebung so gestalten, dass sie die Neugierde der Kinder weckt. Wichtig ist immer wieder das Gespräch, um die Eigenmotivation des Schülers zu fördern.«

Wie wichtig Gespräche sind, betont auch Dr. Detlef Hardorp, Geschäftsführer der Arbeitsgemeinschaft freier Schulen in Brandenburg:

»Man sollte nicht glauben, dass freie Schulen Inseln der Glückseligkeit seien. Aber: Man hat viel mehr Möglichkeiten, im Gespräch konkret praktische Lösungen zu finden.«

Und wenn alles gute Zureden nichts bewirke, gebe es an freien Schulen noch eine Möglichkeit, die staatlichen Schulen verwehrt ist:

»Man kann im Notfall auch Lehrer rausschmeißen. Man kann das Personal seinem Konzept anpassen und bekommt nicht welches zugewiesen von irgendwelchen Schreibtischtätern in den Schulämtern.«

Hardorp vergleicht das staatliche Schulwesen mit einem Tankschiff: schwerfällig, langsam, kaum lenkbar. Engagierte Lehrkräfte würden durch Verordnungen und Sachzwänge gehemmt. Als Antwort auf die anhaltende PISA-Krise des deutschen Schulwesens fordert er nicht, wie viele, die Abschaffung des dreigliedrigen Schulsystems zugunsten einer Einheitsschule, sondern:

»Wir bräuchten eigentlich das hundertgliedrige oder das tausendgliedrige Schulsystem – jede Schule soll individuell das bieten, was Eltern wollen.«

Dennoch räumt er ein:

»Es gibt sehr gute staatliche Schulen, trotz des Systems.«

Die Dinge auf einen so holzschnittartigen Nenner wie »staatliche Schulen bäh, Privatschulen toll« zu bringen wäre ja auch etwas zu platt.

*

Was das staatliche Schulwesen zu leisten imstande ist, davon künden – wieder auch nur *ein* Beispiel – die sogenannten

»Selbstwirksamen Schulen«. Die Werner-Stephan-Oberschule in Berlin-Tempelhof ist so eine. Sie ist eine Hauptschule. Viele Schüler kommen aus sozial benachteiligten Familien, sie stammen aus 35 verschiedenen Nationen. Allen landläufigen Klischees zufolge müssten Schülergewalt und Lehrerfrust hier an der Tagesordnung sein. Doch die Tagesordnung sieht anders aus: Jeden Morgen, eine halbe Stunde vor Unterrichtsbeginn, trifft zuverlässig eine Handvoll Schüler mit jeder Menge frischer Brötchen ein, die sie mit Wurst und Käse belegen und im Schüler-Café, wo es auch Schokoriegel und Getränke gibt, an die Mitschüler verkaufen. Die Schüler sagen, ihnen mache das frühe Aufstehen nichts aus, sie hätten mehr Spaß an der Arbeit im Café als im regulären Unterricht. Das Schulcafé ist ein Projekt des Arbeitslehre-Unterrichts, aus dessen Gewinnen Klassenfahrten und andere Gemeinschaftsunternehmungen finanziert werden. Wie es sich auf die Persönlichkeit der Jugendlichen auswirkt, wenn sie in die Verantwortung genommen werden, beobachtet die das Projekt betreuende Lehrerin Ruth Voget bei jedem Jahrgang aufs Neue:

»Sie merken, sie können was, sie werden gebraucht, sie sind gefragt, ihre Arbeit ist wichtig. Sie müssen pünktlich sein, sonst kriegen die anderen nichts zu essen, und die anderen nehmen sie auch in die Pflicht, die fragen ja auch: ›Könnt ihr nicht die Brötchen mal anders belegen?‹«

Das Erstaunliche an der staatlichen Werner-Stephan-Schule ist, dass hier ein ähnlich entspanntes Klima zu herrschen scheint wie an der privaten Aktiven Naturschule in Prenzlau. Gewiss, der Umgangston ist etwas rauer, aber nicht minder herzlich, und die vorherrschende Jugendkultur ist eher Hip-Hop als Hippie.

Das war nicht immer so. Prügeleien während des Unterrichts, Schüler, die sich im nahe gelegenen Stadtpark als Strichjungen verdingten, anschließend ihre schwulen Freier erpressten, und ähnlich haarsträubende Dinge mehr spielten sich an dieser Schule in den späten siebziger Jahren ab. Dass es heute hier nicht mehr so zugeht, hat einen einfachen Grund: Die Lehrer wollten es so. Reiner Haag ist ein Berg von einem Mann. Er erinnert entfernt an den Schauspieler Bud Spencer und strahlt ein ähnlich hohes Maß an Lebensenergie aus. Während der Pause kann er kaum drei Schritte gehen, ohne dass Schüler ihn lauthals fröhlich begrüßen, kurz mit ihm plaudern oder gar Späße machen und dabei aber stets respektvoll bleiben. Seit 1978 unterrichtet er hier, und er erinnert sich, wie das Lehrerkollegium die einstmals wüsten Zustände in den Griff bekommen hat:

»In der Betriebsgruppe der Gewerkschaft haben wir überhaupt keine Gewerkschaftsarbeit gemacht, wir haben uns ausgetauscht: Wie ist es mir heute mit dieser bestimmten Klasse, mit diesem bestimmten Schüler gegangen.«

Erst dadurch reifte bei vielen Lehrerinnen und Lehrern die Erkenntnis, dass sie mit ihren Schwierigkeiten und Nöten im Unterricht keineswegs allein sind, sondern es den Kollegen oftmals ganz ähnlich ergeht. Und sie ersannen eine Strategie, das Chaos in den Klassenzimmern zu befrieden: Indem sie ihren Schülern Verantwortung übertrugen, zunächst den Klassensprechern. Alsbald entwickelten die Lehrer Methoden der Streitschlichtung, die sie im Laufe der Zeit immer mehr verfeinerten. Wie fein, erläutert der 16-jährige Johannes, der kenntnisreich mit dem Fachvokabular des Konfliktmanagements jongliert. In

Wochenendseminaren haben er und die anderen 79 Streitschlichter gelernt, wie man möglichst gefahrlos Schlägereien unterbindet:

»Auf keinen Fall von hinten auf die Streitenden zugehen, sondern von vorn, Druck gegen die Schultern ausüben und den Hör- und Sehtunnel unterbrechen, das heißt: Wenn sich welche streiten, fixieren sie sich so aufeinander, sie sehen nur noch und hören nur noch den Gegner. Alles, was außen herum ist, kriegen sie nicht mehr mit. Da geht man eben so dazwischen, dass man den Blick auf sich lenkt. Bei uns ist es immer der Spruch ›hör auf, sieh mich an‹, damit kein Kontakt zur anderen Person mehr da ist.«

»Wir versuchen, Böcke zu Gärtnern zu machen«, sagt Reiner Haag, »die Schüler sollen mit sich selbst konfrontiert werden, sie sollen erkennen, was sie gewalttätig werden lässt: Sind es die Eltern, sind es die Lehrer, sind es die Mitschüler?«

Die Strategie, Böcke zu Gärtnern zu machen, scheint aufzugehen. Indem sie konstant 80 von 300 Schülern zu Streitschlichtern schulen, sorgen die Lehrer der Werner-Stephan-Oberschule für eine entspannte Lernatmosphäre, zu der neben den Konfliktmanagementseminaren noch eine Vielzahl weiterer Aktivitäten gehört, die zusammengenommen das Konzept der selbstwirksamen Pädagogik ausmachen. Reiner Haag:

»Selbstwirksamkeit bedeutet, dass Schule Gebiete schaffen muss, in denen Schüler erfolgreich tätig sein können und erfahren: Ich, der ich von der Grundschule mit dem Etikett ›Loser‹ auf der Stirn gekommen bin, ich bin auch in der Lage, etwas zu können. Und weil ich mir das in diesem Bereich zutraue, kann ich das auch in anderen Bereichen.«

Er sagt, er habe Schüler erlebt, bei denen durch die Mitarbeit in der Schul-Cafeteria plötzlich der sprichwörtliche Knoten platzte:

»Die standen in Englisch auf Fünf, und die wussten auf einmal selbst nicht, woher es kam, dass sie auf einmal alles konnten.«

Nach seiner Einschätzung sei es das Problem der deutschen Schule, dass sie den Schülern viel zu wenige Möglichkeiten einräume, ihre eigene Wirksamkeit erfahren zu können.

»Da hat man immer nur den Fächerkanon im Kopf, anstatt die individuellen Talente der Schüler herauszufinden. Der Fächerunterricht mit seinen hohen Anforderungen an das Abstraktionsvermögen benachteiligt allerdings die Hauptschüler.«

Es ist Hofpause. Dass einige der Jugendlichen am Down-Syndrom leiden oder andere offensichtliche Behinderungen haben, fällt erst auf den zweiten Blick auf, denn sie reden und spielen ganz selbstverständlich mit den anderen Schülern, für die das überhaupt keinen Unterschied zu machen scheint. Pro Jahrgangsstufe integriert die Werner-Stephan-Oberschule zehn behinderte Schüler. Für das Lehrerkollegium sind sie eine Bereicherung, denn:

»Mit behinderten Kindern bekommen Sie immer auch engagierte Eltern an die Schule«,

sagt die stellvertretende Direktorin Ruth Jordan. Es habe sich bewährt, dass bei Ausflügen die nichtbehinderten Jugendlichen die Verantwortung übertragen bekommen, sich um ihre behinderten Mitschüler zu kümmern. Hänseleien fänden kaum statt, auch, weil das Thema Diskriminierung im Sozialkundeunterricht behandelt wird und Diskriminierungen durchaus zum Erfahrungsschatz vieler der aus 35 Nationen stammenden Schülerschaft gehören.

Eines haben die vielen sozialen Lernprojekte an der Werner-Stephan-Oberschule gemeinsam: Sie finden außerhalb der regulären Unterrichtszeit statt. Wenn die Schüler und Lehrer etwa ihr Streitschlichterkonzept an anderen Schulen vorstellen, findet dies in der Regel abends statt, und nie mangele es an Freiwilligen dafür, sagt Reiner Haag. »Meine Kollegen und ich investieren sehr viel Zeit«, mehr Zeit, als sie laut Arbeitsvertrag müssten. Doch es sei sinnvoll investierte Zeit, denn eine Stunde mit einer chaotischen Klasse zu verbringen, von der die Hälfte der Unterrichtszeit für Disziplinierungsversuche verschwendet wird, sei anstrengender als drei Stunden mit einer ruhigen Klasse. Geld sei dabei kein Thema:

»Wenn Sie Kollegen haben, die hier eigentlich nicht arbeiten wollen, wenn Sie Schüler haben, die hier eigentlich nicht hingehören, dann kriegen Sie das auch nicht mit Geld gelöst.«

Sondern mit gutem Willen, offensichtlich. Liest man in den Gesichtern der Pädagogen an der Werner-Stephan-Oberschule, so sind ihnen die Anstrengungen ihres Arbeitsalltages deutlich anzusehen, dennoch wirken sie aber nicht unfroh oder ausgebrannt, sondern strahlen sogar eine gewisse Zufriedenheit aus. Und so sagt Reiner Haag:

»Ich will Ihnen mal ein Beispiel nennen, ich hatte mal einen Schüler, der wollte unbedingt Koch werden. Und der hat ungelogen 500 Bewerbungen um einen Ausbildungsplatz geschrieben und nur Absagen kassiert. Und erst mit der 501. Bewerbung war er erfolgreich und arbeitet heute als Koch in einem Restaurant. Und mit dieser Haltung, Selbstbewusstsein und hohe Frustrationstoleranz, wollen wir unsere Schüler ins Leben entlassen.«

8. Kapitel

Private Reparaturversuche III: Freie Schulen und Homeschooling

Natürlich gibt es gute Gründe, Kinder in die Schule zu schicken. Schließlich ist ja das ganze Leben heutzutage so unübersichtlich geworden, dass man kaum noch wissen kann, was die Kinder brauchen werden und können müssen, um in der Gesellschaft zu bestehen.

In früheren Zeiten war das einfacher oder wenigstens klarer. Auf dem Bauernhof lernten die Kinder das Vieh zu hüten, den Samen in die Erde und das Korn in die Scheune zu bringen. In Handwerksbetrieben waren sie von klein auf mit dabei, wenn Schränke geschreinert und Schuhe besohlt wurden, und lernten auch, weil sie früh nach Kräften zu helfen hatten.

Heute bekommen die Kinder viele wesentliche Erfahrungen nicht mit, weil sie ihre Eltern so selten bei der Arbeit beobachten können. Zwar sehen sie ihre Mütter oder manchmal auch den Vater bei der Hausarbeit, selten aber ihren Vater beim Verdienen des Lebensunterhalts. Die Erwerbstätigen bleiben für die Kinder heute meist unsichtbar. Väter verbringen für gewöhnlich ihren Tag in geheimnisvollen Büros und Fabriken, wo sie unverständliche Dinge tun. Immer mehr Mütter tun dasselbe. Denn wir müssen arbeiten gehen und haben keine Zeit, unsere Kinder anzuleiten – da entlastet die Schule doch ganz schön, denn von acht bis zwei Uhr wissen wir sie beaufsichtigt, haben wir sie aus dem Haus und von der Straße. Und wenn alles gut geht, lernen sie ja auch etwas Vernünftiges. Doch angesichts der 90 000 Jugendlichen, die jedes Jahr die Schule ohne Abschluss verlassen, der 250 000 Sitzenbleiber im Jahr, der grassierenden Schulmüdigkeit bei Kindern und der großen Unzufriedenheit der Eltern scheint offensichtlich, dass es nicht zum Besten steht mit den Schulen: Unterrichtsstundenausfall in Millionenhöhe, Lehrermangel allenthalben, Mobbing, Stress und Konflikte im Klassenzimmer und auf dem Schulhof sind unerfreuliche Aspekte des Schulalltags, die immer mehr Eltern nach Alternativen zur staatlichen Schule suchen lassen.

Privatschulen, das hat sich herumgesprochen, sind nicht für jeden Geldbeutel erschwinglich. Und trotzdem sind die Wartelisten lang, denn ausreichend Plätze stehen noch längst nicht für alle Interessenten zur Verfügung. Auch kommerzielle Nachhilfe strapaziert zwar das Budget der meisten Familien, und doch kommt beinahe jeder dritte Schüler im Laufe seiner Schulzeit am Nachhilfelehrer nicht vorbei.

Ohne Eltern geht es nicht – so tönt es landauf, landab in Schulen, Parlamenten und aus den Statements amtlicher Bedenkenträger. Einige Eltern haben das sehr wörtlich genommen und sich drangemacht, eine eigene Schule zu gründen. Private Initiativen haben noch nie geschadet, und freie Schulen waren schon immer Vorreiter gesellschaftlicher und pädagogischer Entwicklungen, die dann auch irgendwann in den öffentlichen Schulbetrieb eingesickert sind. Von freien Trägern kamen die Anstöße, Schulen für Mädchen, ganztägige oder reformpädagogische Schulen zu eröffnen. Realschulen, Förderschulen, Landerziehungsheime, berufliche Schulen und sogar Kindergärten sind ursprünglich rein private Erfindungen.

Unter den reformpädagogischen Schulen Berlins ist die Ting-Schule die experimentellste – jedenfalls wenn sie einmal eröffnet werden wird. Noch fehlt die Genehmigung des Berliner Schulamtes, aber Anne Viezens und die anderen Eltern, die sich in der Initiative zusammengeschlossen haben, sind zuversichtlich, dass es im kommenden Jahr losgehen kann.

»12 Kinder für die erste Klasse, sechs für die zweite, vier für die dritte … um die 50 Kinder haben wir zusammen«,

zählt Anne Viezens zusammen. Und auch vier Lehrer hätten schon zugesagt, die allerdings heißen in dieser Schule Mitarbeiter und verstehen sich als Lernbegleiter, nicht als Pauker.

Die Ting-Schule beruht auf dem Modell der Sudbury-Schule, die 1968 in Massachusetts von einer Elterngruppe ins Leben gerufen wurde, die eine »tiefe Überzeugung verband, dass das bestehende Bildungssystem unseren Kindern irreparablen Schaden zufügen würde«, erinnert sich ein Gründungsvater in der Sudbury Valley School Press. Aus der Idee, dass Schulen eine unterstützende Umgebung sein sollen, in der sich die Kinder selbst aussuchen, was sie tun wollen, und in der sie sich ihre Zeit selbst einteilen, reifte ein radikal neuer pädagogischer Ansatz heran, der das Schulsystem in den Vereinigten Staaten aufmischte und mittlerweile in 30 Schulen auf vier Kontinenten umgesetzt wird. Nach Schulgründungen in Holland, Dänemark, Belgien und Frankreich machen sich jetzt auch in Deutschland etliche Gründungsinitiativen für die Sudbury-Schule stark.

»Ausgangspunkt all unserer Überlegungen war die anscheinend revolutionäre Idee, dass ein Kind eine Person ist und dass es als Mensch vollen Respekt verdient«,

halten die Schulgründer fest und meinen die unter Menschenrechten gebotene »Subjektstellung« jedes Kindes. Das heißt: Lernen funktioniert nur freiwillig und auch nur, wenn der Lernende sich das Thema und den Lehrer aussuchen kann. Deshalb gibt es in Sudbury-Schulen keinen Stundenplan, keine Klassen und keine Noten.

»Staatliche Schulen arbeiten mit Angst und ersticken die Lernlust«,

sagt auch Lou Brass, die zusammen mit Anne Viezens für die Ting-Schule nach dem Vorbild des Sudbury-Modells kämpft. Für die staatliche Schule hat sie kein Verständnis übrig.

»Es gibt doch schließlich genug Menschen, die alle das Gleiche nicht gelernt haben.«

In der Ting-Schule soll das anders sein. Das Konzept des Sudbury-Ablegers gründet in der Idee einer freien und demokratischen Bildung. Deshalb entscheiden die Schüler selbst, was und wann sie lernen wollen. Manche wagen sich erst mit zehn ans Rechnen, andere schon mit sechs, einige lesen mit sieben, andere erst mit elf – aber das ist entscheidend: Sie tun es freiwillig und aus eigenem Antrieb. Ja, funktioniert das denn überhaupt? Dass Eltern diese Frage bei vielen Informationsveranstaltungen am häufigsten stellen, wundert Lou Brass wenig. In Deutschland würde einfach selbstverständlich davon ausgegangen, dass man Kinder zum Lernen zwingen muss. Das Gegenteil sei richtig: Kinder lernen von alleine, wissbegierig und aufgeschlossen kommen sie schließlich schon auf die Welt. Ihre Neugier und der Wunsch, erfolgreiche Erwachsene zu werden, sind für Schüler Motivation genug, jenen speziellen Fähigkeiten und Interessen aktiv nachzugehen, die Erfolg auf dem Arbeitsmarkt und in weiterführenden Schulen mit sich bringen.

»Wissen, das unter Zwang angesammelt wird, kann nur kurzfristig abgerufen werden. Deshalb haben Erwachsene auch das meiste von dem vergessen, was sie in der Schule gelernt haben«,

ergänzt Anne Viezens. Doch die Sudbury-Schüler dürfen zwar lernen, wann sie wollen. Aber sie dürfen nicht machen, was sie wollen. Es gibt Regeln, die eingehalten werden müssen. Die wöchentliche Schulversammlung stellt Regeln auf oder streicht bestehende, und sie entscheidet, wie das Budget ausgegeben wird. Hier lernen Schüler, Anträge zu ändern, Gleichgesinnte hinter sich zu bringen und mit Mehrheitsentscheidungen zu leben. Das ist manchmal mühsam und kostet immer Zeit. Doch Sudbury-Schüler lernen auf diese Weise Verantwortung zu übernehmen – für sich selbst, ihr eigenes Lernen und für die Gemeinschaft. Besonders schwierige und gewaltbereite Schüler haben auf Sudbury-Schulen gute Aussichten.

»Wir wollen Schulverweigerer und Problemkinder aufnehmen«, sagt Lou Brass, »auch das ist ein Unterschied zu staatlichen Schulen.«

Sudbury-Absolventen sind dabei auch erfolgreicher als Absolventen deutscher Schulen: 80 Prozent besuchen das College, 45 Prozent werden im Laufe ihres Lebens unternehmerisch tätig. Und alle sind engagiert im demokratischen und sozialen Gemeinwesen, wie eine amerikanische Statistik ausweist.

Bislang war allerdings noch keine Sudbury-Initiative in Deutschland erfolgreich bis zur Schulreife. Überall sind die bürokratischen Hürden hoch. Es reicht nicht, einfach ein Konzept zu schreiben und das bei der Schulbehörde einzureichen. Totale Lernfreiheit und keine altersgetrennten Klassen – das ist vielen Schulbeamten zu viel des Guten. Deshalb hat die Ting-Initiative einen Kompromisskurs eingeschlagen, der den Vorgaben des Berliner Schulsenats entgegenkommt. Der Unterricht wird sich am Berliner Rahmenlehrplan orientieren, und auch Noten werden verteilt, allerdings erst ab der neunten Klasse und auch nur, wenn die Schüler damit einverstanden sind.

Bis die Genehmigung kommt, ist noch viel zu tun. Abgesehen von den wöchentlichen Treffen der Gruppe und den vielen kleinen Aufgaben der Öffentlichkeitsarbeit muss noch ein Gebäude gefunden werden. Und dann geht die Arbeit erst richtig los. Denn die Schule wird von den Eltern getragen.

*

Was könnte man sonst noch tun, wenn die Privatschulen zu teuer oder zu abgelegen sind und der eigene Energiehaushalt nicht reicht, um eine eigene Schule zu gründen?

Hausunterricht wäre eine prima Alternative. Und eigentlich haben wir den ja auch schon flächendeckend, nicht ganz aus freien Stücken und total legal – in Gestalt eines Schulsystems, das sich auf die Mithilfe der Eltern verlässt, ja geradezu einfordert. Kostenlos ist das alles auch längst nicht mehr. Eltern füttern Klassenkassen, finanzieren Klassenreisen, kaufen Bücher und andere Lernmittel, bezahlen Nachhilfestunden. Jahrelang kümmern sich Eltern also um Hausaufgaben, helfen bei der Vorbereitung von Klassenarbeiten, ermuntern und zwingen zum Füllen klaffender Wissenslücken. Das bedeutet viel mehr, als nur nachzuschauen und zu kontrollieren, ob das verlangte Pensum erledigt wurde. Eltern erklären, fragen ab, üben, motivieren, fördern gezielt sogar da, wo die Schule das nicht tut, und finanzieren, was die Schule nicht bringt. Wie viele Eltern können von diesem tagtäglichen unfreiwilligen häuslichen Unterrichten ein Lied singen? Neuerdings werden Stimmen im Chor der Unzufriedenen laut, die es satt haben, nachmittags zu Hause zu reparieren, was vormittags in der Schule schiefläuft. Denn wenn die Dinge so liegen, könnte man es schließlich auch gleich richtig machen.

Bildungspolitiker, Schulsenatoren, Kultusminister und andere sensible Naturen müssen jetzt sehr tapfer sein. Die Frage sei erlaubt: Könnte es sein, dass die Schule nicht der allein selig machende Bildungsweg ist?

»Kinder lernen nicht in kleinen Schrittchen, nicht der Reihe nach, nicht gleichzeitig und schon gar nicht das Gleiche.« Rolf Robischon, 1990

Nehmen wir einmal an, dass Kinder tatsächlich verschieden sind und verschieden lernen. Was blüht ihnen dann in einer 30-köpfigen Klasse, die abhängig vom Wohnort der Familien zusammengesetzt ist und nicht nach individuellen Bedürfnissen und Voraussetzungen gefragt wird, sondern pauschal belehrt wird? Da gibt's kein Pardon, da müssen sie durch, denn die Schulpflicht ist ehernes Gesetz. Wer zwischen sechs und 18 Jahre alt ist, hat mindestens neun Jahre eine allgemeinbildende und bis zu drei Jahre eine berufsbildende Schule zu besuchen. Punktum.

Unser Schulrecht schließt die Ablehnung der staatlich verordneten Schule nicht ein. Die Kinder in der öffentlichen Schule abzumelden und zu Hause zu unterrichten ist nicht direkt verboten, aber eben auch nicht erlaubt. Bußgeld, Zwangsgeld und sogar Beugehaft drohen Eltern, die finden, dass sie ihre Kinder zu Hause besser fördern können als im Massenbetrieb der öffentlichen Schulen. Oder sie vor schlechten Einflüssen schützen wollen, denen sie in der Schule sozusagen zwangsläufig ausgesetzt sind. Oder nicht tatenlos zusehen mögen, wenn ihre Kinder besondere Fähigkeiten oder besondere Bedürfnisse oder Behinderungen haben, auf die in der Schule keine Rücksicht genommen wird.

Andere europäische Länder haben eine Bildungspflicht, die lediglich danach fragt, ob ein Kind bestimmte Stufen des Bildungserwerbs erklommen hat. Wo und wie das passiert, wird den kleinen Dänen, Engländern, Franzosen, Kanadiern und Amerikanern und ihren Eltern überlassen. Rund drei Prozent[1] aller englischsprachigen Schüler lernen ausschließlich zu Hause, allein in England sind das zwischen 60 000 und 80 000 Kinder. Sogar Russland, ansonsten liberaler Tendenzen unverdächtig, gewährt seit 1991 Bildungsfreiheit und verzichtet auf den Zwang zum Schulbesuch.

Wir hingegen begnügen uns mit einer Schulpflicht, die zum Besuch der Schule verpflichtet, ohne je zu hinterfragen, ob es sich um eine sinnvolle Veranstaltung handelt. Aus diesem Grund droht eine zwangsweise Zuführung des Kindes oder sogar der Entzug des Sorgerechtes den Eltern, die ihre Kinder lieber zu Hause unterrichten wollen. Warum ist das offensichtlich nur in deutschen Ländern so, mag man fragen.

Die Schulpflicht ist in den jeweiligen Verfassungen der Bundesländer verankert und auch das nicht erst seit gestern. Das Reichsschulpflichtgesetz hält in Paragraph 1 fest:

»Im Deutschen Reich besteht allgemeine Schulpflicht. Sie sichert die Erziehung und Unterweisung der deutschen Jugend im Geist des Nationalsozialismus. Ihr sind alle Kinder und Jugendlichen deutscher Staatsange-

1 Prozentzahlen einzelner Länder unter http://www.homeschooling.de/rechtslage.htm

hörigkeit unterworfen, die im Inlande ihren Wohnsitz oder gewöhnlichen Aufenthalt haben.«

Und:

»Die Schulpflicht ist durch Besuch einer reichsdeutschen Schule zu erfüllen.«

Nach der Gründung der Bundesrepublik wurde dieses Gesetz in die Länderverfassungen übernommen. Doch was die Herren Hitler und Rust am 6. Juli 1938 unterzeichnet haben und verkünden ließen, folgt einer noch längeren Tradition. Dass die Schule eine Veranstaltung des Staates ist, stellt das preußische Landrecht von 1763 im ersten Paragraphen fest. Im Jahr 1920 wird zwar die allgemeine Schulpflicht beschlossen, doch erst das Reichsschulgesetz von 1938 und das Gesetz zur Demokratisierung der deutschen Schulen (in der DDR) von 1946 erzwingen die Durchsetzung der allgemeinen Schulpflicht mit harten Strafen. Und vielleicht liegt es ja daran, dass wir uns heute kaum noch vorstellen können, dass nicht etwa der Staat über die Bildungswege und -orte der Kinder zu entscheiden hat, sondern die Eltern. Vielleicht haben wir uns auch zu sehr daran gewöhnt, dass Kinder wie Objekte behandelt werden, die zwangsweise beschult werden müssen. Möglicherweise können wir uns auch deshalb heute kaum noch vorstellen, dass Kinder freiwillig lernen, weil wir ja auch sehen, dass sie spätestens im dritten Schuljahr die Lust am Lernen verloren haben.

Bis heute nehmen wir die seltsame Verschränkung hin, wonach der Staat ein Bildungsangebot bereitstellt und seine Nutzung zur Pflicht erklärt, die notfalls über Zwangsmaßnahmen durchgesetzt wird. Wie in totalitären Zeiten werden in Deutschland immer noch Buß- und Zwangsgelder bis in fünfstellige Höhe verhängt, Sorgerechtsentzug beantragt und Eltern inhaftiert, die das staatlich subventionierte, aber auch monopolistisch kontrollierte Bildungsangebot ausschlagen und ihre Kinder individuell im Elternhaus fördern und bilden – und dabei gar nicht abgeneigt sind, das Ergebnis staatlicherseits überprüfen zu lassen.

»Im Bildungssystem hat das Obrigkeitsdenken die Zeiten ungebrochen überdauert«,

stellt der Bonner Erziehungswissenschaftler Volker Ladenthin fest. Die aktuelle politische Tendenz sei unübersehbar.

»Reglementierung kehrt zurück, ordnungspolitische Bestrebungen allenthalben, der Staat will wieder verstärkt ordnend eingreifen und bevormunden«,

sagt Prof. Ladenthin, der im Jahr 2006 das Buch *Homeschooling - Tradition und Perspektiven* herausgegeben hat. Mit dieser Aufsatzsammlung wolle er die

»verbockte Diskussion für und wider den Hausunterricht aufbrechen, um dem unproduktiven Gezerre entgegenzuwirken, wie wir es schon beim Thema Gesamtschulen beobachtet haben«.

Das verbreitete Stigma des Hausunterrichts als weltfernes, in religiösem Autismus erstarrtes Gehabe fundamentalistischer Christen hält sich stabil und kommt dem herrschenden politischen Willen sehr zupass. Es seien Sektenmitglieder, heißt es, die den Schulbesuch ihrer Kinder verweigern, weil man dort den Kindern Ungeheuerlichkeiten erzähle, wie etwa, dass die Menschen vom Affen abstammen und die Erde mit dem Urknall entstanden sei und keineswegs auf die segensreiche Tätigkeit des Herrn zurückzuführen sei. Fertig ist die Rechtfertigung, Hausunterricht rundheraus allen Eltern zu verbieten und sich dabei nicht großartig mit der Unterscheidung von Verwahrlosung und Überzeugung aufzuhalten, wenn Eltern die Schule verweigern; wo immer Staat und religiöse Gruppen im Clinch miteinander liegen, weil Eltern ihre Kinder zu Hause unterrichten wollen, wird mächtig medial aufgebauscht.

Fälle wie die Schulverweigererfamilie aus Hamburg haben in Deutschland wochenlang für Aufsehen gesorgt. André R. wollte seine Kinder nicht zur Schule schicken, kam dafür ins Gefängnis und reiste schnurstracks nach seiner Freilassung mit der Familie nach Österreich aus, um sich dem Zugriff der deutschen Behörden zu entziehen, und erhielt im Nachbarland prompt die Bewilligung für sein Anliegen.

Andere Fälle hingegen passen nicht recht ins Klischee, weswegen sie auch weniger beachtet werden. Die Familie N. beispielsweise hat gar nichts gegen die Schule. Aber die Eltern, die vor ihrem Umzug nach Bremen einst selbst eine erfolgreiche Montessori-Schule mitbegründet haben, versuchen, den Willen ihrer Kinder zu respektieren und ihnen den Schulbesuch nicht aufzuzwingen. Religiöse Motive spielen überhaupt keine Rolle, sondern die beiden Jungen fühlen sich einfach nicht wohl in der Schule – dem einen zu laut, zu langweilig, der andere mit massiven Schulängsten. Zu Hause können sie besser lernen, sagen die beiden. Also entschlossen sich die Eltern, ihre Söhne selbst zu unterrichten, und überlegen jetzt, nachdem sie die ganze Breitseite staatlicher Zwangsmaßnahmen abgekriegt haben, nach Irland auszuwandern.

»Erst wenn man diesen Rechtsweg durchgestanden hat, der unglaublichen Stress für die Familien bedeutet, dann hat man erst das Recht, sich an den Europäischen Gerichtshof zu wenden«,

sagt Anke Caspar-Jürgens vom Bundesverband Natürlich Lernen.

»Es liegen momentan acht Fälle aus Deutschland zur Entscheidung an.«

Dass die Homeschooling-Bewegung teilweise auch religiös motiviert ist, weiß Volker Ladenthin durchaus. Vor gut 25 Jahren fing sie in den Vereinigten Staaten mit immer mehr Eltern an, die dem Schulunterricht nicht zutrauten, dass er die richtigen Inhalte übermittelte. Und auch in Deutschland fürchten christlich-religiöse Gruppen den schlechten Einfluss der Schule und wollen ihre Kinder vor Drogen, Gewalt, Mobbing und sexueller Belästigung schützen. Das ist für sich genommen ja auch nicht verkehrt. Doch wenn manche Eltern über das Ziel hinausschießen und jeden liberalen, aufgeklärten Gedanken als schlechten Einfluss sehen und Kinder in der Familie isolieren könnten? Gäbe es die legale Möglichkeit, Kinder zu Hause zu unterrichten, könnte das natürlich in einzelnen Fällen auch zum Missbrauch führen.

»Doch der Missbrauch eines Gesetzes ist kein Grund gegen das Gesetz«,

erinnert Volker Ladenthin an einen sehr alten rechtsphilosophischen Grundsatz. Allein die Möglichkeit, dass jemand ein Gesetz für seine Zwecke nutzt, reicht nicht als Begründung dafür, allen anderen diese Möglichkeit zu verbieten. Impliziert würde der Generalverdacht gegen Eltern mit weltweit etwa drei Millionen Kindern, die sich so ohne Schulbesuch bilden. Eine Versachlichung der Verdächtigungen könnte sich dadurch ergeben, dass sich die Familien ja gar nicht gegen eine Überprüfung der Ergebnisse sperren. In Ländern, in denen »homeschooling« oder »home Education«, also die außerschulische Bildungsalternative etabliert ist, hat man viele flexible Lösungen gefunden. So stellt in England ein staatliches Bildungsamt Beratung und Supervision zur Verfügung und ermöglicht Kooperationen mit staatlichen Schulen. Bei uns fehlen klare rechtliche Grundlagen für den eigenständigen Bildungserwerb, wie sie die meisten Nachbarländer längst haben.

Nicht die Schulpflicht, sondern ein hoher Bildungsstand ist eine Errungenschaft der Demokratie – dass gewisse Freiheiten im Bildungswesen, zu denen auch der Unterricht in der Familie gehört, nicht zufällig mit einem der vorderen Plätze im PISA-Ranking zusammenfallen, sei dabei nur am Rande erwähnt.

»Das Grundanliegen der homeschooler ist, eine gute Ausbildung für die Kinder zu bekommen … Ich sehe die große Zukunft in bildungsambitionierten Eltern, die nach Alternativen zu den vermassten Schulen suchen, zu Klassen mit 35 Kindern, bei denen kein Lehrer mehr vernünftig unterrichten kann«,

stellt Volker Ladenthin im Interview mit dem Deutschlandfunk klar. Für den Unterricht zu Hause spricht der Erfolg. In Deutschland sind es zwar nur ein paar hundert Kinder, die von ihren Eltern unterrichtet werden, schätzt Ladenthin, doch aus vielen anderen Ländern liegen differenzierte Untersuchungen vor.

»Wenn man den weiteren Lebensweg der Kinder verfolgt, sieht man, dass Kinder, die hochmotiviert sind, die individuell geschult worden sind, die individuell gefördert worden sind, sehr gute Leistungen bringen. Es gibt keinen Motivationsknick, es gibt eine Förderung des Kindes, die genau auf das Kind passt. Wir Pädagogen nennen das die Passung des Unterrichts, und das ist für Kinder offensichtlich angenehmer.«

Doch die positive Bilanz, auch für deutsche Homeschooler, wiegt noch schwerer. Steffi E. hat gerade ihr zweites Kind im öffentlichen Gymnasium angemeldet. Eine Grundschule kennt keines der beiden von innen, den Grundschulstoff des Lehrplans von Nordrhein-Westfalen haben die beiden komplett ohne Schule in familiärer Eigenverantwortung gelernt. Ihre psycho-soziale Reife, ihre Kommunikationsfähigkeit und insgesamt ihre soziale Kompetenz hat ihre Einschulung in ein weiterführendes Gymnasium zur »Bereicherung der ganzen Klassengemeinschaft« gemacht, wie die Schulleitung das ausdrückte. Ein drittes Kind ist sieben Jahre alt, besitzt nun über zwei Schuljahre hinweg drei verschiedene, ausgezeichnete Zeugnisse der zweiten Klasse und soll nun von seinen Eltern – gegen seinen ausdrücklich erklärten Willen – in eine dritte Klasse gezwungen werden, obwohl es den Stoff dieser Klasse bereits vollständig beherrscht. Allein das nun angedrohte Zwangsgeld in Höhe von 2000 Euro lässt die Familie nun den unteren Weg einschlagen, »das ist einfach zu hoch«, sagt die Mutter von bald fünf Kindern und ringt mit den Behörden.

Insgesamt waren es neun Kinder, die im Umfeld der Familie mit befreundeten Eltern alles lernten, was man braucht, um im Gymnasium zu starten. Phasenweise waren eine Kunstlehrerin, ein Musiker, ein Physiker und so manche Lehrkraft engagiert – manchmal ehrenamtlich, meist vergütet. Dafür haben die Familien zusammengelegt. Insgesamt ein ganz preiswertes Unternehmen: Pro Schuljahr waren Bußgelder in Höhe von 250, 450 und 850 Euro zu zahlen.

»Billiger als eine Privatschule, haben wir uns damals gesagt«, meint der Vater in freundlicher Lakonie.

»In Zeiten, in denen die Ministerien nichts erlauben, bleibt einem ja nichts anderes übrig als zu machen, was man für richtig hält.«

Vor zwei Jahren wurde in Nordrhein-Westfalen der Verein »Schulbildung in Familieninitiative« (www.sfev.de) gegründet, der sich beispielsweise mit Hilfe der Website www.homeschooling.de zum Ziel gesetzt hat,

»Menschen wach zu rütteln, aufzuklären und das Bildungsbewusstsein unter der Bevölkerung zu stärken«,

so der Vorsitzende Jan Edel. Außerdem sollen »schulfreie Bildungsprojekte« pilotiert werden, um weltweite Studienergebnisse zu bestätigen und »um die schlimmsten Befürchtungen in der Bevölkerung abzubauen«.

Anfang 2006 hat sich der Verein zusammen mit Gründern der bereits erwähnten Demokratischen Schulen (Sudbury) und anderen Gruppen wie dem »Bundesverband Natürlich Lernen«, der Initiative »Bildung und Erziehung in Familien« und vielen anderen Initiativen und Einzelpersonen im »Netzwerk Bildungsfreiheit« zusammengeschlossen. Anlass war der Besuch von Vernor Muñoz, dem UN-Sonderbeauftragten, dem die Netzwerker in Berlin einen Rapport zum Stand der Bildungsfreiheit in Deutschland überreichten.

In seiner Abschlussrede attestierte Prof. Dr. Muñoz dem deutschen Bildungssystem, dass Selektion sein Hauptproblem sei, und monierte, dass es in Deutschland keine Möglichkeit für alternative Bildungswege wie Homeschooling oder Fernschulen gebe. Seit PISA ist viel von Standards die Rede, mit denen der Bildung in Deutschland aufzuhelfen sei. Doch der Glaube, Vereinheitlichung sei eine Verbesserung, sagt auch Volker Ladenthin, »ist ein glatter Fehlschluss«. In der Vielfalt von Bildungswegen, dem gleichberechtigten Nebeneinander von öffentlichen und privaten Schulen und Elterninitiativen liegen viele Chancen für Kinder, genau das zu bekommen, was sie brauchen, um sich gesund zu entwickeln.

Das Engagement der Homeschooler will Bildungsfreiheit verwirklichen – und dazu gehört auch, private Ressourcen ohne staatliche Repressionen nutzen zu dürfen.

»Als verantwortungsbewusste Menschen können wir die in die Jahre gekommene einheitliche Rechtsprechung nicht länger hinnehmen und duckmäuserisch zusehen, wie unsere Kinder quasi alternativlos in ein defizitäres Bildungssystem gezwungen werden«,

fasst Jan Edel zusammen.

»Eltern haben das Recht, über die Bildung der Kinder zu entscheiden, und tragen am Ende auch die volle Verantwortung für ihre Kinder.«

Es geht schließlich um die Kinder, die staatlicherseits nie gefragt werden. Ob die Schulämter tatsächlich immer besser wissen, was gut für jedes Kind ist, darf man durchaus bezweifeln. Und es geht um die Eltern, die durchaus engagiert und verantwortungsbewusst im Dilemma zwischen Schulbesuchspflicht und Sorgepflicht stecken. Und warum soll man nicht Energie und Engagement in eine Bildungsvariante investieren, die unabhängig vom Schulsystem funktioniert? Im Schulsystem jedenfalls haben Eltern und Kinder nicht wirklich etwas zu sagen. Auch Volker Ladenthin erkennt über dem persönlichen Gewinn für die Kinder einen weiteren –

»nämlich den, dass die Schulen doch herausgefordert sind zu fragen: Was machen wir eigentlich nicht so, dass die Eltern zufrieden sind? Es ist also der Stachel im Fleische des Schulsystems, und diese Bedeutung finde ich sehr, sehr wichtig.«

Zumindest denkbar wären doch alle Möglichkeiten. Kinder könnten zu Hause unterrichtet werden und nur zu den Klassenarbeiten in die Schule gehen, sie könnten die gesamte Grundschulzeit daheim oder sonst wo verbringen und eine Prüfung ablegen, bevor sie in die weiterführende Schule gehen. Homeschooling müsse kein Privileg für Reiche sein oder für Eltern, die sich die Arbeit teilen – einer sorgt für das Einkommen, einer unterrichtet die Kinder.

»Wenn Arbeitslose beispielsweise eine gewisse Unterstützung dafür bekämen, dass sie ihre Kinder selbst unterrichten, wäre die Sozialhilfe entlastet, der Steuerzahler sowieso«,

umreißt Volker Ladenthin Möglichkeiten, gleich mehrere Fliegen mit einer Klappe zu schlagen. Doch Kooperation ist behördlicherseits nicht gewünscht. Harsche Ablehnung folgt gemeinhin auf die Anträge, häuslichen Unterricht zuzulassen.

»Es ist Aufgabe des Staates, darüber zu wachen, dass die Rechte des Kindes notfalls zwangsweise und auch gegen den Willen der Eltern durchgesetzt werden«, knarzt Ministerialrat Kumpfert in der Begründung der Ablehnung außerschulischer Elementarbildung in einem Brief vom 1. Oktober 2006, aus dem Jan Edel zitiert. Wem das nicht passt, der kann ja gehen:

»Es mögen etwa 3000 Eltern sein, die im Jahr Deutschland den Rücken kehren, weil sie ihren Kindern die vielgestaltige Mängellage der Schulmisere ersparen wollen«,

vermutet Anke Caspar-Jürgens. Genaue Zahlen gibt es nicht, doch die engagierten Netzwerker kennen die Fälle und können ihre Zahl überschlagen. Kumpfert lässt das kalt.

»Eltern, die die rechtlichen Grundlagen unseres Landes nicht anerkennen wollen, handeln konsequent, wenn sie unserem Land den Rücken kehren. Dies ist bedauerlich, aber letztlich nicht zu vermeiden.«

»Wir wollen keinen Konflikt mit dem Staat«, sagt Jan Edel.

»Wir wollen nur mehr Möglichkeiten und Markt. Jeder weiß, wie schwer, teuer und fast unmöglich es gemacht wird, eine anerkannte private Schule anbieten zu können.«

Er habe auch nichts gegen die Schulpflicht und nichts gegen Schulen einzuwenden, die manchem Kind wenigstens das Mindeste böten.

»Ich will nicht polarisieren, sondern ergänzen und kooperieren.«

Doch warum würden intakte, bildungsorientierte Familien mit Zwangsgeld und Sorgerechtsentzug bedroht, wenn sie mehr wollten, als die Schule zu bieten hat, und den familienzerstörenden Zwang ablehnten?

Missionarischer Eifer treibt Jan Edel jedenfalls nicht zur Auseinandersetzung mit den Behörden um etwas mehr Bewegungsfreiheit in Bildungsdingen. Die Frage sei vielmehr, ob das ganze Bündel von Schulpflichterzwingungsmaßnahmen angemessen und zum Wohl der Kinder von Eltern sind, die nach allem Abwägen und reiflicher Überlegung ihre Kinder lieber zu Hause schulisch betreuen. Homeschooling spare nicht nur der Allgemeinheit Kosten, sondern sei für viele die einzige Möglichkeit zur effizienten Bildung, wenn sie unabhängig beaufsichtigt und nicht missbraucht werde. Nicht immer, aber in immer mehr Fällen erkennen Eltern eine echte Alternative im Hausunterricht: An die tausend Kinder in Deutschland gehen diesen Weg, schätzt Jan Edel, »wenn es Freiheiten gäbe, wären es schnell drei- oder viertausend«.

Fast täglich erhält er elektronische Hilferufe verschiedenster, teils verzweifelter Aspiranten, die sich sehnsüchtig individuellere Schulalternativen wünschen. Kinder profitieren, wenn sie nicht mehr gezwungen sind, sich dem allgemeinen Lerntempo anzuschließen. Diejenigen, die mit einer Wahrnehmungsstörung oder beispielsweise ADHS zu kämpfen haben, finden Ruhe, sich auf den Lernstoff zu konzentrieren. Andere, die besondere Förderung brauchen, geraten nicht mehr in Panik, wenn sie sehen, dass Klassenkameraden voranpreschen. Wieder andere, die dem Stoff weit voraus sind, entgehen Langeweile und Schulfrust, die sich unweigerlich einstellen, weil sie unterfordert sind. Gar nicht so selten verbringen Schulkinder täglich ein, zwei Stunden auf dem Weg zur Schule und wieder zurück: Das bedeutet einen enormen Zeitgewinn für sinnvollere Tätigkeiten als Busfahren; zum Beispiel zum Fußballspielen, um

Freunde zu treffen oder ein Buch zu lesen. Schuleschwänzen, Schulversagen – diese Probleme gibt es beim selbstständigen Lernen daheim nicht. Viele weitere Vorteile zählt Jan Edel auf:

»Das Risiko für Klassenkeile, Mobbing, Bullying, Ausgrenzung, Hänselei, Nötigung oder Diskriminierung tendiert gegen null. Lernwillige werden nicht mehr als Streber geächtet. Stress mit Lehrern, Ärger mit Klassenkaspern und Störern fällt weg. Probleme mit Drogen, Frust und Verwahrlosung kommen bei registrierten Homeschool-Familien quasi nicht vor. Die an Interessen und Neigungen geknüpfte Förderung nach individuellen Lernvoraussetzungen geschieht weitgehend selbstmotiviert und frei von Störfaktoren. Bildung und soziale Kompetenz werden im überschaubaren Rahmen wesentlich effektiver vermittelt und eingeübt.«

Genau an diesem Punkt scheiden sich die Geister, denn die Sache mit der sozialen Kompetenz nehmen Staatsvertreter den Homeschoolern nicht ab. Wenn Schulsenatoren und Kultusminister rituell auf die Pflicht zum Schulbesuch pochen und damit meinen, dass Ausnahmen nicht geduldet werden, wird schnell die Gefahr einer Parallelgesellschaft heraufbeschworen, die sich herausbilden könnte, wenn eine so wichtige Sozialisationsinstanz für Kinder umgangen werden dürfte. In der Schule lerne man nämlich, sich dereinst als mündiger Staatsbürger in einer pluralistischen Gesellschaft zurechtzufinden.

»Dieses Ziel kann nur in der Gemeinschaft mit Andersdenkenden erreicht werden«,

weiß Ministerialrat Kumpfert in seinem Brief an Jan Edel zu erklären.

»Denn nur die Auseinandersetzung mit Andersdenkenden befähigt dazu, einen individuellen Standpunkt in wichtigen Lebensfragen zu entwickeln und diesen zur Grundlage eigenen Handelns zu machen.«

Überspringen wir die Frage, ob man in der Familie etwa nicht dauernd in Auseinandersetzungen mit Andersdenkenden verwickelt wird und diese hochkompetent zu lösen hat, wenn man nicht dauernd Krach, Geschrei und Tränen riskieren will, und wenden uns der größeren Frage zu, welche Kompetenzen das überhaupt sind, die Kinder in ganz normalen Schulen erwerben. Die Rütli-Schüler in allen Teilen der Republik haben das sehr eindrucksvoll vorgeführt, aber auch in weniger auffälligen Schulen handelt es sich doch eher um das »Einüben in soziales Fehlverhalten«, gibt Volker Ladenthin zu bedenken.

»Nur die Massenriten, und zwar die schlechten, die lernen sie in der Schule.«

Außer ein bisschen Deutsch, Mathe und Englisch wären das: Sich in der Masse verstecken, am besten weder nach oben noch nach unten auffallen, um Repressalien zu vermeiden und schlau zu betrügen, denn es geht schließlich nur darum, gute Noten zu ergattern. Das Fragen mag den Philosophen als höchste Tugend gelten.

»Zu Hause fragen sie einfach, in der Schule fürchten sie die Blamage«, nennt Volker Ladenthin ein Beispiel, »und halten den Mund.«

Mehr und mehr werde Schule zu einem gigantischen Prüfungsapparat, und die Lernerei finde zu Hause statt. Auch das soziale Lernen hat seinen Platz in der Familie.

»Auch ohne Großfamilie ist ein Zuhause der dem realen Leben nächste und daher ideale Bereich zum Erlernen sozialer Kompetenzen und meist ein ideales Feld für individuelles, maßgerechtes Lernen und sinnvolle Sozialisation«,

sagt Jan Edel. Familien sind verschieden und haben je nach Lebensstil, Interesse und kulturellem Hintergrund Kindern viel Welt zu bieten: Es gibt Freunde, Geschwister, die sich gegenseitig helfen, und andere Familien, mit denen sich Erfahrungen austauschen lassen. Den Begriff Familie muss man so weit fassen, wie er reicht – Ergänzungen und Erweiterungen des Familienverbandes sind dabei ausdrücklich vorgesehen:

»Da ist ein Freund, der gerne mit den Kindern an der Werkstatt arbeitet, da ist die Tante, die Klavier spielen kann, da ist die englische Familie, die das Erlernen der englischen Sprache unterstützt, da ist die alte Nachbarin, deren Lebenserfahrung wichtige Werte vermittelt«,

beschreibt Bianca Maria Uhl ihren Familienverbund beim 4. Homeschool-Informationsnachmittag im Herbst 2004.

»Unsere Kinder werden nicht gedrillt, sondern lernen frei und intrinsisch motiviert im Kontakt mit mehr Menschen aus anderen Lebensaltern und Generationen als fast alle ihre gleichaltrigen Zeitgenossen«,

findet auch Jan Edel. Er hält eine gesellschaftsfähige Sozialisation in altersgetrennten Schulklassen für blanke Utopie.

»Gruppenzwang, Modetrends, Anpassungsdruck und der schlechte Einfluss lernunwilliger oder störender Mitschüler macht die wenigen, lernwillig verbliebenen zu Strebern und oft gemobbten Außenseitern.«

Generationsübergreifende soziale Kompetenz in der Familie, dem Freundeskreis und der Bekanntschaft zu fördern gehört bei Homeschoolern schon zum Programm.

»Umgang, Achtung, Kommunikation, Würde, Toleranz, Mitgefühl und Nachsicht«, zählt er die wichtigsten Zutaten auf, »diese Dinge werden nicht in der Schule eingeübt, sondern beim Einkaufen, beim Helfen, bei Berufstätigen, im Chor, beim Reiten, beim Spielen, Reisen oder Pflegen.«

Matthias Kern

Regelungen zur Sicherung der Ernährung der Bevölkerung

Um die Ernährung der Bevölkerung unseres Landes sicherzustellen, wird das folgende Kantinengesetz (KantGes) erlassen:

§ 1 Recht auf Ernährung

1. Jeder Mensch hat ohne Rücksicht auf Herkunft oder wirtschaftliche Lage das Recht auf eine seinen Möglichkeiten entsprechende Ernährung.
2. Das öffentliche Kantinenwesen ist nach diesem Grundsatz zu gestalten.
3. Staat, Gemeinden und Gemeindeverbände haben die erforderlichen Mittel bereitzustellen.

§ 2 Kantinenaufsicht

1. Das gesamte Kantinenwesen steht unter der Aufsicht des Staates.
2. Die staatliche Kantinenaufsicht umfasst die Planung und Leitung, Ordnung und Förderung des gesamten Kantinenwesens.
3. Die Kantinen haben den in der Landesverfassung verankerten Ernährungsauftrag zu verwirklichen.

§ 3 Kantinenpflicht

1. Es besteht allgemeine Kantinenpflicht. *(Alle Menschen müssen sich in Kantinen ernähren. Eine Auswahlmöglichkeit zwischen verschiedenen*

Menüs besteht nicht. Eine Ernährung außerhalb der Kantine ist nur zusätzlich zur Kantinenernährung zulässig.)

2. Kantinenpflicht besteht für alle Menschen, die im Land ihren Wohnsitz oder gewöhnlichen Aufenthalt haben.
3. Die Kantinenpflicht ist durch die Ernährung in einer deutschen Kantine zu erfüllen. Über Ausnahmen entscheidet die Kantinenaufsichtsbehörde. *(Ausnahmen werden nur dann zugelassen, wenn durch das zuständige Gesundheitsamt eine Kantinennahrungsunverträglichkeit festgestellt wird und keine entsprechende Sonderkantine zur Verfügung sieht. Die Tatsache, dass die Nahrung außerhalb der Kantine von einem staatlich geprüften Koch zubereitet wird, rechtfertigt allein noch keine Ausnahme.)*
4. Die Ernährung an öffentlichen Kantinen ist unentgeltlich. Auf gemeinnütziger Grundlage arbeitende private Kantinen, die einem öffentlichen Bedürfnis entsprechen, als ernährungswissenschaftlich wertvoll anerkannt sind und eine gleichartige Befreiung gewähren, haben Anspruch auf Ausgleich der hierdurch entstehenden finanziellen Belastung.

§ 4 Kantinenbezirke

1. Jede öffentliche Kantine hat einen Kantinenbezirk.
2. Jeder Mensch hat sich in der Kantine zu ernähren, in deren Kantinenbezirk er wohnt. Dies gilt nicht für Menschen, die sich in einer privaten Kantine ernähren.

§ 5 Kantinenzwang

1. Menschen, die ihre Kantinenpflicht nicht erfüllen, können der Kantine zwangsweise zugeführt werden. Die Zuführung wird von der für den Wohn- oder Aufenthaltsort zuständigen Polizeibehörde angeordnet.
2. Ordnungswidrig handelt, wer vorsätzlich oder fahrlässig der Kantinenpflicht nicht nachkommt. Die Ordnungswidrigkeit kann mit einer Geldbuße geahndet werden.

§ 6 Private Kantinen

1. Das Recht zur Errichtung von privaten Kantinen wird gewährleistet.

Private Kantinen als Ersatz für öffentliche Kantinen bedürfen der Genehmigung des Staates und unterstehen den Landesgesetzen.

2. Private Kantinen dürfen nur mit Genehmigung der Kantinenaufsichtsbehörde errichtet und betrieben werden.
3. Abweichungen in der inneren und äußeren Gestaltung der Kantine, der Ernährungsmethode sowie den verwendeten Nahrungsmitteln stehen der Genehmigung nicht entgegen, sofern die Kantine gegenüber den öffentlichen Kantinen als gleichwertig betrachtet werden kann. *(Es dürfen beispielsweise an Stelle von Kunststoffgeschirr und Edelstahlbesteck auch Porzellanteller und Silberbesteck oder Blechschüsseln und Essstäbchen benutzt werden. An Stelle von Schweinefleisch kann beispielsweise auch Geflügelfleisch verwendet werden. Eine fleischlose Ernährung ist dagegen nicht zulässig, weil dadurch die Versorgung mit tierischem Eiweiß gefährdet wird.)*

Erscheinen Ihnen diese Regelungen seltsam?

Sehen Sie hierin gar einen Verstoß gegen die freiheitlich-demokratische Grundordnung?

Wenn Sie das Wort »Ernährung« durch »Bildung« (teilweise durch »Ausbildung« oder »Erziehung«), das Wort »Kantine« durch »Schule« und das Wort »Menschen« durch »Kinder« (oder »Jugendliche«) ersetzen, erhalten Sie (in Baden-Württemberg geltende) gesetzliche Bestimmungen, die kaum in Frage gestellt werden.

Für diejenigen, die es ganz genau wissen wollen:
GG: Grundgesetz der BRD;
LV: Landesverfassung f. Baden-Württemberg;
SchG: Schulgesetz f. Baden-Württemberg;
PSchG: Privatschulgesetz f. Baden-Württemberg

Kantinengesetz	Quelle
§ 1	LV Art.11
§ 2, Abs. 1	GG, Art. 7, Abs. 1
§ 2, Abs. 2	SchG, § 32, Abs. 1,1
§ 2, Abs. 3	SchG, § 1, Abs. 2,1
§ 3, Abs. 1	LV, Art. 14, Abs. 1
§ 3, Abs. 2	SchG, § 72, Abs. 1,1
§ 3, Abs. 3	SchG, § 72, Abs. 4
§ 3, Abs. 4	LV, Art. 14, Abs. 2
§ 4, Abs. 1	SchG, § 25, Abs. 1
§ 4, Abs. 2	SchG, § 76, Abs. 2
§ 5, Abs. 1	SchG, § 86
§ 5, Abs. 2	SchG, § 92
§ 6, Abs. 1	GG, Art. 7, Abs. 4,1 und 2
§ 6, Abs. 2	PschG, § 5, Abs. 1
§ 6, Abs. 3	PschG, § 5, Abs. 2

9. Kapitel

Politische Reparaturversuche: Ganztagsschule – und alles wird gut?

von Birgitta vom Lehn

Den monoton vorgetragenen Begründungen zur Einführung der Ganztagsschule – Entlastung von Familien am Nachmittag, Beteiligung von Müttern am Erwerbsprozess, Sicherstellung der Betreuung von Schülern am Nachmittag und so fort – haben gewiefte Bildungsideologen einen weiteren Lockvogel aufgesetzt: Die Ganztagsschule soll unsere Kinder vor dem Rückfall in die Barbarei bewahren und stattdessen zum »Olymp« führen – weil sie die Schule vom rigiden »Panzer der Unbeweglichkeit« befreie und in den Dienst sozialer und ästhetischer Kompetenzen stelle.

Leben und Lernen, Sozial- und Kulturfähigkeit miteinander verbinden, das sei die ganz große Chance der Ganztagsschule, meint Professor Wolfgang Edelstein, früherer Direktor am Berliner Max-Planck-Institut für Bildungsforschung. Und weil es bislang »aus den Schulen keinen Massenansturm auf den Olymp« gebe, siehe PISA, schaffe die Ganztagsschule »gleichsam mit einem einzigen Schritt eine neue Gelegenheitsstruktur für das Ganze des schulischen Lernens«. So verführerisch klang das Plädoyer, das Edelstein in einem Vortrag auf dem Mc-Kinsey-Kongress »Kinder zum Olymp« im Januar 2004 in Leipzig hielt.

Die Idee ist ja nicht schlecht: In der Ganztagsschule als ästhetischem Bildungsträger soll nach Edelsteins Vorstellungen Raum gewonnen werden für kulturelle und künstlerische Projekte,

Literatur und Lyrik, Sport- und Theatergruppen, Ballett und Musikgruppen. Damit würde sie einen »Beitrag zur Eindämmung einer durch Markt und Medien vorangetragenen Barbarisierung der Zivilgesellschaft« leisten.

So weit die funkelnde Edelstein-Theorie. Die Praxis sieht derweil nicht ganz so blendend aus. Die kennen aber auch nur jene, die sich in den Irrgärten schulischer Existenz Tag für Tag zurechtfinden müssen, fernab von jenen schicken Instituten, in denen sich hoch qualifizierte und deshalb hoch bezahlte »Experten« intelligente Lernkonzepte ausdenken, ohne jemals ein Kind rund um die Uhr begleitet und dabei erfahren zu haben, was es wirklich braucht, woran es wirklich leidet und was es sich tatsächlich wünscht, um gesund aufzuwachsen, seelisch und körperlich zu gedeihen und erfolgreich zu lernen. Schließlich geht es den Lernexperten ja vor allem um die Legitimation ihrer selbst: Würden sie nichts Neues vorschlagen, wären sie überflüssig. Also reden sie uns machtlosen Laien etwas Neues, angeblich Besseres ein, und sei es die Abkupferung alter Systeme fremder Länder. In diesem Fall handelt es sich um die Irrlehre von der Ganztagsschule.

Rückendeckung erhielten die Experten reichlich von der ehemaligen Bundesbildungsministerin Edelgard Bulmahn, die mit dem Slogan »Gute Bildung braucht mehr« nicht etwa mehr Qualität in Form kleinerer Klassen, mehr Chancengleichheit statt gleiche Bildung für alle oder eine bessere Qualifizierung der Lehrer samt Straffung der Schulbücher und Lehrpläne auf das Wesentliche meinte, sondern schlicht ein Mehr an in der Schule verbrachter Zeit. Das für ihre Anzeigenkampagne »Gute Bildung braucht mehr« im Jahr 2003 verschleuderte Geld hätte vielen maroden Schulgebäuden, tristen Klassenzimmern, bei Regen tropfenden Turnhallendecken und stinkenden Schultoiletten gutgetan. Aber dafür ist die kinderlose Frau Bulmahn ja nicht zuständig gewesen, das ist Hausmeistersache der Länder, Städte und Gemeinden. Stattdessen hatte sie vor der Anzeigenkampagne bereits eine teure Umfrage in Auftrag gegeben, die uns weismachen sollte, dass über 80 Prozent der Bundesbürger an eine bessere Schulbildung durch die Einführung der Ganztagsschule glaubten. Weil dieser Glaube aber offenbar schnell flöten ging oder die Ministerin Sorge trug, dass er schnell flöten gehen könnte, schob sie sicherheitshalber die bundesweite Werbekampagne hinterher – über die in den Medien freilich nicht kritisch berichtet werden durfte, weil diese ja von dem Anzeigengeschäft profitierten, wie mir ein Redakteur verriet.

Der Kampagne folgte die Katastrophe. Dort jedenfalls, wo man sich Hals über Kopf in die Ganztagsschule verliebt und sie aus dem Boden gestampft hat, watet man heute eher in einem pädagogischen Sumpf als in einem intellektuellen Paradies. Aber es schien zu verlockend, ein Stück vom süßen Vier-Milliarden-Euro-Kuchen zu ergattern, den die nette Frau Bulmahn eigens hierfür angeschnitten hatte. Und den Zug der Zeit, einen gesamtgesellschaftlichen Trend verpassen, das will gar auch niemand. Nur: Eingestehen, dass man jetzt wie der Kaiser in seinen neuen Kleidern dasteht, nämlich nackt und hilflos, das will erst recht keiner. Und so kommt es, dass sich immer noch Schulen recken und strecken, um zur Ganztagsschule zu mutieren, während andere – wie die Egestorffschule in Hannover – diesen Titel am liebsten wieder zurückgeben würden, weil sie ihn als »Mogelpackung« entlarvt haben.

Die Schulen benötigen die bereitgestellten Mittel erst einmal zur Einrichtung von Schulkantinen und Aufenthaltsräumen, zur Begrünung von Schulhöfen und zur Sanierung von Turnhallen. Darüber hinaus müssen sich die Gymnasien ohnehin mit der Ausdehnung von Unterricht in den Nachmittag hinein beschäftigen, denn in künftig zwölf statt bisher dreizehn Schuljahre soll der Stoff gepresst werden. Eine Straffung der Lehrpläne ist nicht im Gespräch, es werden im Gegenteil neue Fächer wie »Methodenlehre« in die Stundentafeln gedrückt. Von entspannterem Lernen und angenehmeren Bedingungen, wie die Bildungstheoretiker es immer wieder versprochen hatten, kann daher keine Rede sein. Im Gegenteil: Vielfach kommen auf die Kinder neue, ganztägige Belastungen zu.

Aber die Kinder – wer denkt schon an die?

»Wir brauchen Ganztagsschulen nicht nur in sozialen Brennpunkten, sondern auch für doppelt berufstätige Eltern«,

antwortete der bildungspolitische Sprecher der Bremer CDU, selbst kinderlos, auf die Frage, weshalb das Alte Gymnasium in Bremen zur Ganztagsschule umfunktioniert werden sollte. Man traut seinen Ohren nicht, aber der Mann meint es ernst: Schulen für Eltern also, nicht für Kinder.

Offenbar sahen das nicht alle Eltern am Alten Gymnasium so, denn – berufstätig hin oder her –, es gab einige, die auch noch auf die Kinder schauten. Die bemerkten, dass ein Acht-Stunden-Tag in Form einer »Kasernierung« im tristen Schulgebäude plus anschließender Hausaufgabensitzung daheim für Zwölfjährige schlicht zu viel ist. Noch dazu sollte er unter Bedingungen stattfinden, die kein Erwachsener dulden würde: Mittagspause auf einem Flurabschnitt, Essen meist im Stehen in der viel zu kleinen Cafeteria, Ruhigstellung durch Kickerspielchen im Klassenraum mit Hilfe eines Sozialpädagogen. Eine Elterninitiative sammelte Unterschriften, überreichte sie Schulleitung und Bildungsbehörde – ohne Erfolg. Der Sprecher der

Initiative, ein Internist, attestierte dem »übergestülpten« Ganztagskonzept »Gesundheitsschädigung«.

»Die Kinder kommen nachmittags mit Kopfschmerzen nach Hause und sind völlig kaputt. Bewegungsmangel ist programmiert«,

klagte der Sprecher, selbst Vater eines zwölfjährigen Sohnes. Als sich weder Schulleitung noch Behörde von dem Protest beeindrucken ließen, reichte er Klage beim Bremer Verwaltungsgericht ein. Die wurde abgeschmettert mit der Begründung, es sei Sache des Schulträgers, in welchem zeitlichen Rahmen der Schulunterricht durchgeführt werde. Der Vater lässt nicht locker und geht in die nächste Instanz. Er beruft sich auf Artikel 6 des Grundgesetzes, das die Pflege und Erziehung der Kinder zuvörderst den Eltern zuspricht, und auf Artikel 4, der Religionsfreiheit garantiert. Denn durch den Nachmittagsunterricht könnten die Kinder nicht mehr am Konfirmandenunterricht teilnehmen.

Nebenbei: Die *taz* schaffte es, den Sachverhalt so zu verdrehen, dass ein entsprechender Artikel die Überschrift trug »Eltern klagen gegen Mittagspause«, flankiert mit einem Kommentar unter dem Titel »Schönen Gruß an Eva Herman«.

Mittlerweile hat das Bremer OVG den »übergestülpten Ganztagsunterricht« am Alten Gymnasium vorerst untersagt, da die Bildungsbehörde so dilettantisch war und die Umwandlung von der Halb- in die Ganztagsschule ohne entsprechende Rechtsverordnung exerziert hatte. Im Klartext heißt das: Im Land Bremen sind alle Ganztagsschulen derzeit (Stand: Dezember 2006) rechtswidrig. Eine ziemliche Schlappe also für die Bildungsbehörde und den zuständigen Senator Willi Lemke. Natürlich wird es nur eine Frage der Zeit sein, wann die Rechtsverordnung folgt. Fest steht eins: Das Kindeswohl ist beim allgemeinen Ruf nach Ganztagsschulen völlig aus dem Blickfeld geraten, es geht in erster Linie ums Elternwohl. Und zwar um das Wohl einiger Eltern, die ihre Kinder tagsüber loswerden wollen. Wie groß diese Schar abgabewilliger Eltern tatsächlich ist, spielt keine Rolle. Dass Ganztagsschulen als freiwilliges Angebot eine wertvolle Sache sind, steht außer Frage. Festzuhalten bleibt aber, dass den Kindern nun auch in Deutschland eine massenhafte ganztägige Zwangskasernierung droht und dadurch ein entscheidender Teil ihrer Kindheit durch staatlichen Zugriff geraubt wird: die Möglichkeit zur freien Entfaltung, zur »Selbstverwirklichung« am Nachmittag. Mütter sollen sich ganz selbstverständlich »selbst verwirklichen« dürfen, Kinder aber nicht?

»In Frankreich haben es die Kinder schwerer und die Eltern leichter, in Deutschland ist es umgekehrt«,

stellte eine Lehrerin fest, die zwölf Jahre mit ihrer Familie in Frankreich gelebt hat und nun zurückgekehrt ist, um ihren eigenen Kindern »bessere Perspektiven zu schenken«. »Bessere Perspektiven«, das war in ihren Augen die Halbtagsschule mit freier Nachmittagsgestaltung, von der sie selbst als Kind »sehr profitiert« habe. Nun kam sie zurück und stellte mit Bedauern fest, dass hier den Kindern wohl ein gleiches Schicksal droht.

Das Merkwürdige ist: Viele Eltern hätten für sich selbst damals die Ganztagsschule »in jedem Fall« abgelehnt.

»Für mich wäre das nichts gewesen, ich war so ein Sensibelchen«,

erzählt eine junge Managerin und Mutter. Aber bei ihrem eigenen Kind findet sie jetzt nichts dabei, es in der Ganztagsschule zu parken. Oft läuft es aber so ab: Solange man mit Eltern unter vier Augen über die neue Ganztagsschule spricht, erkennen und beklagen die allermeisten exakt das Dilemma – den hohen Lärmpegel, das miese Essen, die beschränkten Möglichkeiten in den tristen Klassenzimmern, die fehlenden Ruheräume und Einzelarbeitsplätze. Aber bittet der Lehrer auf dem Elternabend um ein Feedback, wagt kaum jemand Kritik zu äußern. Oder nur sehr verhalten. Obwohl jeder das blasse Kind genau vor Augen hat, das nach einem Acht-Stunden-Tag mit Rändern unter den Augen und dem schweren Schultornister auf dem Rücken ermattet nach Hause kommt und traurig ist, dass es jetzt »fast nichts mehr machen kann«. Später, beim Tratsch mit der Bekannten oder beim Elternstammtisch (ohne Lehrerpräsenz!), reklamieren dieselben Eltern die Missstände dann umso lauter. Die Folge: keine echte Rückmeldung an die Schule, alle Eltern einverstanden.

Das Beispiel des kleinen Kevin in Bremen, der gegen den Rat des Kinderarztes und des Heimleiters dem drogenkranken und gewalttätigen Lebensgefährten der verstorbenen Mutter quasi »als Therapie« vom Jugendamt (!) ausgehändigt und dann später tot im Kühlschrank gefunden wurde, ist wohl das krasseste und schrecklichste Symbol dafür, dass Elternwohl längst vor Kindeswohl geht – selbst auf der Ebene der Kinder- und Jugendhilfe. Nur will man das natürlich nicht so direkt wahrhaben. »Wir brauchen eine Ganztagsschule für doppelt berufstätige Eltern.« Für diesen ehrlichen, völlig ernst gemeinten Ausspruch muss man dem Bremer CDU-Politiker deshalb geradezu dankbar sein. Er bringt auf den Punkt, was die meisten Politiker und sogenannten Bildungsexperten nicht auszusprechen wagen.

Zu den lautstarken, leider dennoch unerhörten Protestlern

gegen die Ganztagsschule gehören Kinderärzte und -psychiater. Einer der vehementesten Kritiker ist Professor Johannes Pechstein, ehemaliger Direktor des Kinderneurologischen Zentrums Mainz:

»Die Ganztagsschulen neuen Typs sind eindeutig nicht vom Kind her gedacht. Zwischen der Belastbarkeit von Sieben- und Vierzehnjährigen liegen Welten. Durch Ganztagskindergärten und -schulen in den frühen Altersstufen müssen Kontinuität, Tiefe und Sicherheit der Kind-Eltern-Bezüge und der Kind-Geschwister-Beziehungen in den Hintergrund treten, wenn die Kinder fast in ihrer gesamten lernaktiven Zeit einem TV-flimmerbildähnlichen Fremdbetreuungssystem ausgesetzt werden und fast nur noch zur Abendmahlzeit und zum Schlafen zu Hause sind.«

Nach dem vollendeten zwölften Lebensjahr, das biologisch als das gesündeste, widerstandsfähigste im gesamten Lebensverlauf gilt, kann Pechstein sich dann aber durchaus »im Sekundarschulbereich einen neuen Typ von Dreivierteltagesschule« vorstellen,

»der in der Oberstufe der Gymnasien – wie bei den Lehrlingen – in etwa einer 35-Stunden-Woche der Erwachsenen entspräche«.

Besonders sensiblen Kindern würde der »verpflichtende Charakter und Gruppendruck« der Ganztagsschule zu schaffen machen, warnt der Lippstädter Kinder- und Jugendpsychiater Rolf-Nikolai Katterfeldt. Sie würden

»in der negativen Rolle festgehalten, statt sich in einem zusätzlichen Nachmittagsprogramm anders erfahren zu können«.

In seiner Praxis hat Katterfeldt auch die Erfahrung gesammelt, dass Schüler in der Schule meist schutzloser als außerhalb Drogendealern, Repressalien und Mobbing älterer Mitschüler ausgesetzt sind. Vor einer flächendeckenden Einführung der Ganztagsschule warnt auch die Freiburger Verhaltensbiologin Gabriele Haug-Schnabel:

»Das Angebot sollte auf städtische Ballungszentren und soziale Brennpunkte beschränkt bleiben. Diese neuen Modelle dürfen dann aber mit dem alten Schulmodell nichts mehr zu tun haben. Die Anschaffung einer Kantine und die Begrünung des Schulhofs machen noch keine Ganztagsschule aus. Was wir dort vor allem brauchen, sind pädagogisch und psychologisch gut ausgebildete Kräfte, die in Kleingruppen mit den Kindern arbeiten. Man sollte aber nie vergessen: Wenn die Familie die Nachmittagsbetreuung leisten kann, ist dies immer vorzuziehen.«

Der Bielefelder Gesundheitsforscher Professor Klaus Hurrelmann plädiert für einen Anteil von etwa 50 Prozent der Plätze an Schulen mit Nachmittagsangebot, weil immer mehr Eltern nicht mehr in der Lage seien, »am Nachmittag die nötige Begleitung der schulischen Aufgaben zu besorgen«. Hurrelmann mahnt aber, dass eine Ganztagsschule unbedingt auf den Biorhythmus der Kinder Rücksicht nehmen müsse und ein breites Mittagsband mit Entspannung und Auszeit einzuplanen sei sowie am Nachmittag ein reduziertes Unterrichtsprogramm mit Schwerpunkt auf Training, Festigung und Gruppenarbeit. Die psychische Belastung eines Ganztagsbetriebs liege vor allem darin, dass viele Schüler sich im Laufe des Tages auch zurückziehen möchten und es möglicherweise nicht können. Ruhezonen und Einzelarbeitsplätze seien daher ein absolutes Muss.

Studien an der Universität Bielefeld ergaben, dass die psychische und nervliche Belastung der Kinder und Jugendlichen durch die Schule zugenommen hat. Die Schule werde von ihnen »als Arbeitsplatz wahrgenommen, an dem sie gesellschaftlich taxiert und eingestuft werden«. Eine zeitliche Ausdehnung des ohnehin anstrengenden Schulbetriebs in den Nachmittag hinein dürfe also nur unter ganz besonderen Bedingungen erfolgen.

Auch Christa Schaff, Vorsitzende des Berufsverbands der Ärzte für Kinder- und Jugendpsychiatrie und Psychotherapie, fordert vor allem Rückzugsmöglichkeiten.

»Viele Kinder leiden unter der Dichtigkeit der Gruppe. Daraus hat sich ein völlig neues Krankheitsbild entwickelt, das dem Autismus sehr nahe kommt.«

Problematisch sei die Ganztagsschule auch für ADS-Kinder, weil sie in der Schule mehr als zu Hause einer Reihe von Außenreizen ausgesetzt sind. Darauf macht Professor Beate Herpertz-Dahlmann, Vorsitzende der Deutschen Gesellschaft für Kinder- und Jugendpsychiatrie, aufmerksam.

Als Bedenkenträger treten hier also jene auf, die in ihrer täglichen Praxis erfahren, wie es um die physische und psychische Gesundheit unserer Kinder bestellt ist. Sie zu ignorieren und ihre Argumente als altbacken zur Seite zu wischen hieße, den Ärzten, Psychologen und Biologen eine Backpfeife zu erteilen. Wem steht das zu? Und vor allem: Wiegen deren Argumente nicht schwerer als die der Politiker und Bildungsfachleute?

Was Kindern guttut und was nicht, daran hat sich Schule auszurichten, nicht was für Eltern heute bequem ist. Wenn andere Länder andere Sitten eingeführt haben, dann heißt das noch lange nicht, dass sie nachahmens- oder erstrebenswert sind. Schließlich gab es nicht nur die wenigen PISA-Siegerländer wie Finnland, Kanada und Frankreich, sondern auch die vielen PISA-Verliererländer, die schlechter abgeschnitten hatten als Deutschland – wenn man PISA denn überhaupt ernst nehmen kann und will –, in denen die Ganztagsschule Regelschule ist. Die Ganztagsschule allein ist für schulischen Erfolg also nicht entscheidend.

Im Herbst 2003 stellte das Deutsche Institut für Pädagogische Forschung in Frankfurt (DIPF) sogar eine Studie vor, die bewies, dass sich die Ganztagsschule für lernstarke Schüler negativ auswirkt. Nur die lernschwachen Schüler profitieren von der Einrichtung. Die Begabten kommen in den ganztägigen Konzepten zu kurz. Ähnliche Beobachtungen kennen wir auch aus Finnland, wo die schwachen Schüler zwar vorbildlich gefördert, die stärkeren jedoch zu wenig gefordert werden. Die französische Pianistin Hélène Grimaud, zweifellos eine der Begabten, gestand mir in einem Interview, dass sie uns um unser Halbtagsschulsystem in Deutschland sehr beneide:

»Es gewährt mehr Zeit für individuelle Aktivitäten, und es wäre schade, wenn man es aufgäbe. Gerade als Künstler ist man in seiner Kindheit und Jugend auf viel freie Zeit angewiesen, um seiner Neigung nachzugehen und seinem Talent zu widmen. Man muss sich auch fragen: Wie viel braucht man von dem, was man in der Schule lernt, später tatsächlich im täglichen Leben? Die Persönlichkeitskultur entwickelt jeder für sich selbst, vor allem außerhalb der Schule. Deshalb ist es wirklich schlimm, von acht bis fünf Uhr in der Schule hocken zu müssen. Es ist auch nicht effektiv.«

Dass in den USA die Anzahl kindlicher Psychosen enorm gestiegen sind und es fast normal ist, dass Schulkinder dort Psychopharmaka schlucken, dass die Ernährungsgewohnheiten mangelhaft und viel mehr Kinder an Fettleibigkeit leiden als bei uns, sollte man beim Blick aufs auswärtige Schulsystem – abgesehen von den PISA-»Noten« – mit berücksichtigen.

Die schwedische Soziologin Vibeke Bing referierte über die Probleme ihres Landes im Februar 2002 auf einem Kongress in Wien:

»Einerseits sehen wir im Laufe der letzten zehn Jahre immer weniger und immer weniger schwere körperliche Gesundheitsprobleme bei Kindern, andererseits konnten wir immer mehr und immer schwerere psychische Probleme beobachten. Die psychischen, mentalen und sozialwirtschaftlichen Störungen und Probleme nehmen zu, wie zum Beispiel psychosomatische Symptome und Gewalt … Niemals zuvor haben wir eine Zeit gehabt, in der Kinder so viele Jahre, so einen großen Teil ihrer Kindheit in Institutionen verbracht haben. Ab dem Alter von einem Jahr kommen Kinder in den Vorkindergarten, die Kinderkrippe, dann in den Kindergarten, in die Ganztagsschule etc.: Möglicherweise sind sie bis zu einem Alter von 18 Jahren, wenn sie dann selber bereit sind, Eltern zu werden, in Institutionen untergebracht. Ein mögliches Ergebnis davon ist, dass sich relativ viele Familien auflösen. Viele Familien zerbrechen an dieser Situation. Mittlerweile lebt bereits jedes zweite 17-jährige Kind in einer Familie, in der die Eltern auseinandergegangen sind.«

Ähnliches berichtete die schwedische Autorin Anna Wahlgren kürzlich in einem Interview mit der *Frankfurter Allgemeinen Zeitung:*

»Schwedische Kinder sind in den vergangenen zwanzig Jahren nicht sehr glücklich gewesen. Sie verlieren ihr Zuhause und ihre Familien viel zu früh. Kleine Kinder lachen wenig, und sie spielen nicht frei, phantasievoll und unbekümmert. Depressionen, Alkohol- und Drogenprobleme unter Jugendlichen nehmen zu. Ein großer Teil der Heranwachsenden sagt:

»Wir haben absolut niemanden, mit dem wir sprechen können.« Wir Schweden eifern den Vereinigten Staaten nach, eigentlich wollen wir den »American way of life«: viel arbeiten, viel Geld verdienen, viel konsumieren. Gewalt unter Jugendlichen nimmt in beängstigender Weise zu – das Leben ist hart geworden.«

Der »American way of life« scheint auch uns Deutschen vorzuschweben, mit allen Konsequenzen, die daraus folgen. Bing fordert unter anderem als Lösung:

»Man muss dafür sorgen, dass Eltern für ihre Kinder zur Verfügung stehen können. Dies ist wichtig auch im Unternehmensbereich. Man muss dem Unternehmen zeigen, dass es für das Unternehmen und für die Gesellschaft gut und richtig ist, wenn Eltern für ihre Kinder da sein können.«

An angeblich gut meinenden – oft allerdings selbst kinderlosen – Kinderfreunden, die das Gute und Wahre und Schöne der Ganztagsschule vom Himmel lügen oder vielleicht sogar selbst dran glauben, mangelt es hierzulande nicht. In Wirklichkeit schielen sie jedoch eher auf das Wohl (und die Wählerstimmen) der Eltern, nur mag man das nicht zugeben. Es mangelt an Menschen an verantwortlicher Stelle, die laut und deutlich auf die Kehrseiten dieser ganztägigen Einrichtung hinweisen. Und vor allem mangelt es an politischen Entscheidern, die die bereits existierenden Warnungen der Kinderärzte beherzigen. Man muss ja nicht so lange warten, bis das Kind im Brunnen oder Kühlschrank liegt.

Das Burn-out-Syndrom der Lehrer ist längst ins Blickfeld wissenschaftlicher Untersuchung geraten. Und was ist mit den Kindern? Die namhaften medizinischen Bedenkenträger des letzten Jahrhunderts hießen Johann von Nußbaum, Hugo von

Ziemssen, Emil von Kraepelin und Max von Pettenkofer. Schon vor über hundert Jahren mahnten diese Männer die Bedeutung von Ruhe und Pflege des Nervenkostüms für die kindliche Entwicklung an, appellierten an das notwendige Gleichgewicht körperlicher und geistiger Arbeit. Gewerkschaften und Arbeitgeber achten mittlerweile penibel auf die Einhaltung der physiologischen Bedürfnisse von Arbeitern und Angestellten. Nur: Wer tut das bei den Kindern? Aus Untersuchungen des Münchner Psychiaters Emil von Kraepelin entstand damals zwar ein neuer Zweig der medizinischen Forschung: die Arbeitsphysiologie. Wesentliches Ziel dieser Forschungsrichtung war es, die Arbeit an den menschlichen Lebensrhythmus anzupassen. Vor allem das Max-Planck-Institut in Dortmund wurde hier federführend. Merkwürdigerweise geriet jedoch das Ausgangsproblem von Kraepelins, nämlich das Anpassen des Schulalltags an die Leistungsbereitschaft des Kindes, völlig in Vergessenheit. Bis heute sei an dem Dortmunder Institut eine solche Untersuchung nie durchgeführt worden.

Immer noch unübertroffen sind die chronobiologischen Forschungen des Sozialpädiaters Professor Theodor Hellbrügge Mitte der fünfziger Jahre. Was der sechsfache Familienvater damals an der Poliklinik der Universität München mit seinem Team zutage förderte, kann heute nicht laut genug betont und wiederholt werden, denn die Ergebnisse sind wieder hochaktuell und bislang unwiderlegt. Hellbrügge konnte beweisen, dass Unterricht am Nachmittag für Schüler grundsätzlich anstrengender ist als am Vormittag und dass die Fehlerhäufigkeit bei Rechenaufgaben nachmittags deutlich steigt. Mittels Pulszählungen, Messungen des Hautwiderstandes und der Körpertemperatur zu verschiedenen Tages- und Nachtzeiten bei elfjährigen Kindern hat er festgestellt, dass neben den körperlichen Funktionen auch die geistige Leistungsbereitschaft im Verlaufe des Tages enormen Schwankungen unterliegt. Im *Bayerischen Ärzteblatt* vom Januar 1956 zog Hellbrügge das Fazit:

»Vom ärztlichen Standpunkt aus kann nur die Schlussfolgerung gezogen werden, dass die körperlichen und geistigen Leistungen der Kinder während des Nachmittagsunterrichtes weit unter ihrem durchschnittlichen Niveau liegen müssen. Um aber während des Unterrichts mitzukommen, bedarf es jeweils einer erheblich größeren Anstrengung des Kindes ... Die effektiven Belastungszeiten übersteigen damit weit das ärztlicherseits noch vertretbare Ausmaß der kindlichen Beanspruchung.«

Als »alarmierendstes Ergebnis« der Untersuchungen wertete Hellbrügge damals aber, dass Eltern für 60,9 Prozent der Jungen und 54,7 Prozent der Mädchen die Angabe machten, ihr Kind sei »nervös«:

»Vergleichsweise wurde ein ähnlich hoher Prozentsatz von Nervosität im Erwachsenenalter bisher nur bei Industriearbeitern nach mehrmonatiger Nachtschicht gefunden.«

Hellbrügges Erkenntnisse bestätigen übrigens die wesentlich älteren, um die Jahrhundertwende von Karl Schmidt-Monnard durchgeführten Studien, die im *Ärzteblatt für Baden-Württemberg* vom November 1959 nachzulesen sind.

Schmidt-Monnard hatte an einer Schule in Halle 5100 Jungen und 3200 Mädchen zwischen 7 und 20 Jahren hinsichtlich »chronischer Kränklichkeit« wie Anämie, Kopfschmerzen, Nervosität, Schlaflosigkeit, Verdauungsstörungen und ähnlichen Symptomen beobachtet. Der eine Teil der Schüler hatte ausschließlich

Unterricht zwischen 8 und 13 Uhr, der andere Teil von 8 bis 12 Uhr und viermal in der Woche auch von 16 bis 18 Uhr. Durch jahrelangen Vergleich hatte Schmidt-Monnard festgestellt, dass die »chronische Kränklichkeit« in der Gruppe der Kinder, die Vor- und Nachmittagsunterricht hatten, deutlich größer war.

Aufgrund seiner eindeutig negativen Befunde, die Hellbrügge 1965 in ein Gutachten für das bayerische Kultusministerium einbrachte, wurde damals im Freistaat der Nachmittagsunterricht abgeschafft. In seinen zahlreichen Veröffentlichungen wurde er nicht müde, »die unentschuldbare Überforderung der Schuljugend« anzuklagen und gegen die »hektische Lebensweise des modernen Arbeitsprozesses« zu klagen, die »weder Platz noch Raum für kindliche Belange« lasse. Auch die Fünf-Tage-Woche im Schulbetrieb prangerte der Pädiater als »Unfug« an:

> »Hierdurch käme es bei gleicher Leistungsanforderung innerhalb einer gedrängten Zeitspanne nur zu einer unzumutbaren Massierung von körperlicher Arbeit, geistiger Anstrengung und nervöser Belastung.«

Dass an den Tagen des Nachmittagsunterrichts die frei zur Verfügung stehende Zeit im Durchschnitt gerade mal 1,5 Stunden betrug, monierte Hellbrügge ganz besonders. Gerade die »Freizeit« besitze nämlich »für die geistige, seelische und charakterliche Entwicklung eines Kindes eine eminente Bedeutung«.

All diese Erkenntnisse haben ihre Gültigkeit bis heute behalten. Samstagsunterricht sei Lehrern heute nicht mehr zumutbar, heißt es aus einem Kollegium, das sich gerade um die Abschaffung des noch vierzehntägig stattfindenden Samstagsunterrichts bemüht. Kindern hingegen einen Acht-Stunden-Tag plus Hausarbeiten zuzumuten, das scheint außer Frage zu stehen.

Die eigentlich recht kluge Berliner Bildungsforscherin Professor Elsbeth Stern forderte unlängst ganz im Sinne von Frau Bulmahn:

»Unsere Kinder müssen mehr Zeit mit Lernen verbringen und dies unter entspannteren Bedingungen tun.«

Erfüllt sieht sie diesen Idealzustand in der Ganztagsschule. Doch ein kritischer Mediziner wie der Hellbrügge-Schüler Pechstein kann der Bildungsfachfrau nur widersprechen und entlarvt die gut gemeinte Vorstellung vom ertragreichen Ganztagslernen als Illusion:

»Sollten Fachkräfte für die Nachmittage durch unseren hoch verschuldeten Sparstaat wirklich finanziert werden können: Sie träfen bei den Kindern unweigerlich auf jenen von der Natur vorgegebenen Rückgang ihrer Aufnahme- und Leistungsfähigkeit. So ist die Annahme, Ganztagsschulen schüfen einen wirklichen Leistungsgewinn, ein bloßer Aufbewahrungsirrtum.«

Wer kann, wer will es verantworten, einen solchen Irrtum zu begehen?

Teil IV

Was wirklich getan werden kann und muss

10. Kapitel

Was Lehrer und Eltern voneinander lernen können

Ob sich die Lehrer dafür qualifiziert, gut genug ausgebildet und hinreichend unterstützt, verantwortlich fühlen oder nicht: Die Kinder verbringen so viele Stunden des Tages in der Schule, dass sich die Schule um ihre Erziehungsaufgabe gar nicht drücken kann. Alles, was dort geschieht oder nicht geschieht, alles, was ein Lehrer tut oder eben unterlässt, erzieht mit. Erziehung ist nicht Säen, Gießen und Jäten in einem ordentlichen Garten mit eingefassten Beeten, wo in der einen Parzelle Kartoffeln wachsen, in der anderen Wissen und Bildung, so beschreibt der Pädagoge Hartmut von Hentig die Gegenden der Bildungslandschaft. Die Zeit zwischen acht und vierzehn Uhr ist ein ganzes Biotop, da wächst alles durcheinander: das Bildungsgemüse, die Erziehungskräuter und die Blumen des Wissens – und das bleibt die ganze Schulzeit hindurch so.

Ihr einstiges Drohpotential hat die Schule längst verloren. Gut so! Der Lehrer als Hilfspolizist und die Schule als verlängerter Arm des Obrigkeitsstaates haben abgewirtschaftet, und an aufmuckenden, selbstbewussten und auch widerborstigen Schülern herrscht wahrhaftig kein Mangel. Heute antworten Kinder einem Hausmeister, der sie ermahnt, das Kaugummipapier in den Abfalleimer zu werfen, dass ihre Eltern ihnen gesagt hätten, sie bräuchten sich so eine Zumutung nicht gefallen zu lassen. Oder sie reagieren auf die Aufforderung der Erzieherin, am Ende des Tages Papierschnipsel, Schere und Kleber wegzuräumen, mit Verwunderung: »Warum soll ich das denn machen? Dafür bist du doch da!« Hin und wieder hört man auch von sich prügelnden Grundschülern, die, gut gebrieft von ihren Mittelschichtseltern, die Lehrerin anschreien, die gerade die beiden Kampfhähne trennen will: »Du darfst mich überhaupt nicht anfassen!«

Heute haben Lehrer vor allem achtzugeben, dass sich nicht der Lauteste, Rücksichtsloseste und Unverschämteste auf Kosten aller anderen in der Klasse durchsetzt. Oft fehlt ihnen dazu außer der professionellen Entschlossenheit auch noch die notwendige Rückendeckung der Eltern: Manche sehen es nämlich gar nicht so ungern, wenn ihr Kind ein wenig rücksichtslos ist, wobei sie dieses Benehmen dann Durchsetzungsfähigkeit nennen. Soziales Verhalten scheint vorerst nicht angesagt – in den Pausen genauso wenig wie in der Zeit dazwischen. Sich in einen anderen Menschen hineinzuversetzen, Rücksicht zu nehmen, Gegenseitigkeit und Gemeinschaft zu pflegen und zusammenzuarbeiten ist alles andere als selbstverständlich. Das genaue Gegenteil davon scheint Trumpf: In der Regel geht es darum, sich selbst aggressiv durchzusetzen. Man darf als Mutter oder Vater ja durchaus ins Grübeln über die Frage kommen, ob man seinem Kind einen Gefallen tut, wenn man es zu Höflichkeit, Rücksicht und Freundlichkeit anhält, während auf dem Schulhof gemobbt wird, was das Zeug hält, und die Ellbogenmentalität immer weitere Kreise zieht. Wirkt eine gute Erziehung da nicht gar wie ein Klotz am Bein des Kindes, das sich im Konkurrenzkampf mit Altersgenossen bewähren muss, die von solchen Beschränkungen unbelastet um sich schlagen?

Die grassierende Kumpelhaftigkeit von Eltern, die ihren Kindern zu Hause erklären, dass ein Tadel überhaupt nix bedeute und man, na warte, dem blöden Typen von einem Lehrer ganz gehörig an den Karren fahren werde, ist allerdings auch nicht hilfreich. Die gründliche Demontage der Lehrer-Autorität durch die Protagonisten und Epigonen der Studentenbewegung hat neben der erwünschten auch unerwünschte Nebenwirkungen gehabt, die sich heute als vulgarisierte Restbestände der 68er Libertinage mit der ganz normalen Bequemlichkeit mischen. Eltern drohen zu Hause nicht mehr mit dem strengen Lehrer und respektieren ihn auch selbst nicht mehr als pädagogische Autorität. Wir versagen Lehrern die Autonomie, aus deren Anerkennung Respekt überhaupt erst hervorgeht. Erst wenn wir davon ausgehen, dass jemand weiß, was er tut, auch wenn wir es nicht verstehen, gewähren wir einem anderen Menschen die Autonomie zu handeln.

Natürlich sollte das auch umgekehrt gelten: Auch Eltern oder Schülern muss diese Unabhängigkeit zugestanden sein, denn sie wissen Dinge über das Kinderhaben oder das Lernen, von denen ein (kinderloser) Lehrer vielleicht gar keine Ahnung hat. Moderne Eltern stehen im Allgemeinen gnadenlos auf der Seite ihrer Kinder, und das ist für sich genommen ja auch nichts Schlechtes. Wir sehen sie durchaus, die Macht des Selektionsagenten, der mit seinen Entscheidungen der Schullaufbahn des Kindes seinen Stempel aufdrückt. Aber in unserer Vorstellung wächst diese Macht auch ins unendlich Übersteigerte, und das ruft unsere Beschützerinstinkte wach – die Geschichte vom längeren Hebel und wer ihn bedient, haben wir am eigenen Leib erfahren und tief verinnerlicht. Daran hat sich auch wenig geändert. Dem Kind den Rücken zu stärken, wenn es einen Lehrer erwischt, mit dem es nicht klarkommt, der es beleidigt, ungerecht behandelt, entmutigt oder demütigt, das ist sinnvoll und berechtigt. Aber den Lehrer nicht als vertrauenswürdigen, gut ausgebildeten anderen Erwachsenen sehen zu dürfen, sondern mit den Augen des Kindes zu betrachten, auch mit den Augen des Kindes, das man selbst einmal war – das trübt manchmal den Blick: Wir trauen ihnen nicht viel zu, und wir vertrauen ihnen höchst widerwillig unsere Kinder an. Eltern, die nicht aufpassen, und Eltern, die es nicht besser wissen und den schmalen Grat zwischen starkem und erdrückenden Einfluss nicht sehen wollen, mutieren dann schnell zu den besten Freunden ihrer Kinder, anstatt die Verantwortung für sie zu übernehmen.

*

Im Falle einer Trennung oder Scheidung raten Experten dringend und mit den besten Gründen dazu, dem Kind auf jeden Fall Loyalitätskonflikte zu ersparen, indem man die Zähne zusammenbeißt und nicht über den Erziehungspartner herzieht. Die Parallele zwischen getrennt lebenden Müttern und Vätern auf der einen, Eltern und Lehrern auf der anderen Seite sei in diesem Zusammenhang erlaubt: Ist es wirklich klug, im Beisein der Kinder über die Lehrer zu schimpfen oder spontan empört auf jede Äußerung des Kindes zu reagieren (»Mama, der neue Mathelehrer ist total gemein!«) und, noch bevor man sich ein Bild von dem Fall gemacht hat, zum Telefon zu greifen (»Er hat uns nämlich übers Wochenende ganz viele Hausaufgaben gegeben!«). Wie soll ein Kind einen Erwachsenen respektieren und achten, der bei ihm zu Hause einen derart schlechten Ruf genießt? Wie soll ein Kind von einem Erwachsenen lernen können, dem die Eltern nicht zutrauen, dass er ihm etwas beibringen kann?

Vor allem lieb soll der Lehrer sein, nicht zu viel vom Kind verlangen und immer spielerisch vorgehen – das gehört zumindest bei Grundschullehrerinnen zur Arbeitsplatzbeschreibung. Man muss nur einmal mit ansehen, wie ein bevorstehender Lehrerwechsel für das kommende Schuljahr die Eltern einer Grundschulklasse in Panik versetzt. In aufgeregt schnatternden Grüppchen überbieten sich besorgte Eltern geradezu mit wilden Spekulationen über den neuen, noch unbekannten Lehrer und die möglicherweise fatalen Auswirkungen eines Lehrerwechsels auf die so störanfällige kindliche Entwicklung.

Auch die unzähligen Elternabende, Adventsnachmittage und Sommerfestchen, die Eltern im Laufe der Schuljahre ihrer Kinder absolvieren, illustrieren den Sachverhalt, dass der Lehrer den Eltern über alles Rechenschaft schuldig ist, was er mit den kleinen Sonnenscheinen den lieben langen Vormittag veranstaltet. Da bestehen Eltern im Gespräch mit dem Grundschullehrer darauf, fünf verschiedene Didaktiken zum Schriftspracherwerb ihrer Erstklässler gründlich zu erörtern, und drangsalieren ihn mit peinlichen Fragen wie der, warum die Parallelklasse im Mathebuch schon drei Seiten weiter ist. Oder eine ehrlich besorgte Mutter eines Sechstklässlers fragt den Klassenlehrer, ob denn für die bevorstehende Klassenfahrt, die fünf Übernachtungen in der Jugendherberge beinhalten wird, auch gewährleistet sei, dass den Kindern nachts eine Flasche Wasser ans Bett gestellt werde. Dies für den Fall, dass sie nachts durstig sind – wie ihr eigener Sohn übrigens immer, deshalb sei es wichtig, das mit der Wasserflasche zu besprechen. Am liebsten hätte sie den Mathelehrer mit Handschlag dazu verpflichtet, abends für die Sprudelflasche zu sorgen.

Der inständige Wunsch, das Kind solle sich immer wohlfühlen und nichts missen, wobei der Lehrer auf verantwortungsvolle Weise irgendwie der verlängerte Arm der fürsorglichen, behütenden Eltern sei, hat einen Zwilling in der Art, wie Eltern sich wünschen, dass Wissen vermittelt wird: Ohne Druck vor allem, mit spielerischer Leichtigkeit soll das alles vonstatten gehen, am besten immer mit bunten Bildern und lustigen Cartoons – gleich, ob es nun um Akkusativobjekte geht, um binomische Formeln oder die Wortpartner des Verbs »to do« oder was sonst noch an schwierigen Lerninhalten im Unterricht auf das arme Kind zukommt. Und wehe den Lehrern, die dem Kind zu viel abverlangen!

Dass man dem Lehrer schon von vorneherein nicht die pädagogisch-professionelle Kompetenz zutraut, bei Meinungsverschiedenheiten mit den Eltern das Kind nicht in Mitleidenschaft zu ziehen, scheint sogar in der mittlerweile schon reflexhaft geäußerten Befürchtung auf, der Lehrer könne das Kind schlecht behandeln, wenn man ihn kritisiere. Dabei ist zunächst unerheblich, ob es um eine reale Gefahr geht, weil der Lehrer wirklich alles am Kind auslässt, was ihn an den Eltern ärgert. Allein die vorwegnehmende, gefühlte Bedrohung reicht schon aus, um vorauseilende Besorgnis walten zu lassen – und eben im Zweifelsfall eher nicht nachzufragen, zu kritisieren, einen Sachverhalt klären zu wollen. Doch das Misstrauen, mit dem der Lehrer beäugt wird, bleibt.

Und so ganz verkehrt ist das ja auch nicht. Denn ein professionell verbindlicher Standard, auf den sich alle Beteiligten berufen dürften, fehlt ganz offensichtlich. Die Familie erzieht, die Schule bildet – von dem klaren Konsens sind wir, wenn wir den Lehrern glauben dürfen, weiter entfernt als jemals zuvor. Die Verhandlungsmasse ist riesig, Befindlichkeiten, nicht Prinzipien, beherrschen das Feld. Die ungeschminkte Authentizität des »Ich bin eben auch nur ein Mensch«, die Lehrer in Überforderungssituationen als vermeintliches Argument anführen, dient zur Rechtfertigung für alles Mögliche.

Die Folge: Die Variationsbreite zwischen guten und schlechten Lehrern, fähigen und unfähigen Erziehern vergrößert sich enorm – aber sie sind ja alle nur Menschen. Und dann braucht man ständig eine gehörige Portion Glück, um an einen guten Lehrer zu geraten. Verbindliche Regeln, ein pädagogischer Ethos, die gute Form, die von allen eingehalten wird, gewährleistet ein gewisses Maß an Professionalität in zwischenmenschlichen Beziehungen jeglicher Schattierung. Als Profi erscheint derjenige, der sich nicht erlaubt, seiner Laune einen bestimmenden Einfluss auf das Tagesgeschehen einzuräumen, sondern sich zu gewissen schonungsvollen, Distanz wahrenden und Konflikte meidenden Gepflogenheiten versteht. Diese Haltung hilft denen, die sich beruflich oder in der Familie mit Kindern engagieren. Wir wünschen sie uns auch dringend von bestimmten Berufsgruppen: Auf einen schlecht gelaunten Piloten, einen mies gestimmten Zahnarzt, einen übermüdeten Busfahrer oder einen ungenügend ausgebildeten Chirurgen würden wie uns ungern verlassen wollen. Und genau das ist der Grund, warum Eltern in steter Sorge in den Gesichtern der Lehrer nach untrüglichen Zeichen dafür fahnden, dass er das Kind sympathisch findet. Darauf mag sich kein Elternteil mehr blind verlassen: dass er, Sympathie hin oder her, dem Kind in der Schule fair, respektvoll und korrekt begegnet.

Gehen die Lehrer gern in die Schule?

Das Ansehen der Lehrer ist also schwer angeschlagen – ihre Gesundheit übrigens auch. Die mangelnde gesellschaftliche Anerkennung ihres Berufs nennen Lehrer zusammen mit der Belästigung durch Lärm im Klassenraum, schwierigen Schülern, überehrgeizigen oder gleichgültigen Eltern, schlechtem Zeitmanagement der Lehrer selbst, aber auch schlechtem Klima im Kollegium als häufigste Beispiele für Kränkungen, die Lehrer krank machen. Sie gehen offenbar mehrheitlich nicht gern in die Schule. Die Studie des Potsdamer Psychologen Uwe

Scharrschmidt macht jedenfalls das Ausmaß deutlich, in dem Lehrer an Burn-out-Syndromen leiden. Seine Bestandsaufnahme unter 7000 Lehrern rückt den Umstand in den Blick, dass gesunde, selbstbewusste Lehrer, die auf ihre Kompetenzen vertrauen können, erfolgreicher sind und ihre Aufgabe meistern können – wenn sie die Kinder ernst nehmen und ihnen vorleben, dass ihre eigenen Worte keine leeren Phrasen sind. Ausgebrannte, kranke und frustrierte Lehrer können das nicht, sie hasten nur ihren Aufgaben hinterher und haben jedes Selbstvertrauen eingebüßt – das schadet zuallererst den Kindern.

Mittlerweile erkennen nicht nur Finanzminister, welcher gesamtgesellschaftliche Schaden entsteht, wenn so viele Lehrer über lange Zeit krank sind und immer früher in den Ruhestand gehen. Da muss sich etwas ändern: Sollten nicht eigentlich die Besten eines Jahrgangs auf Lehramt studieren und nicht die, deren Abi-Note für Jura oder Medizin nicht reicht, neben denen, die in Krisenzeiten eben die sichere Seite lebenslanger Alimentierung anpeilen? Oder den Orientierungslosen, denen sonst nichts anderes einfällt? Wo sind die Lehrer aus Leidenschaft – diejenigen mit Augenmaß und Mut, Verantwortung zu übernehmen? Das Ansehen des Lehrerberufs müsste steigen, das heißt: Wir alle müssen das Ansehen des Lehrers steigern – die Politiker, indem sie viel mehr Geld in Lehrerstellen investieren; die Bildungsexperten, indem sie über eine bessere Ausbildung nachdenken; die Lehrer, indem sie miteinander reden, sich selbst und sich gegenseitig bestärken und nicht länger allein vor sich hin wursteln; und wir Eltern, indem wir uns klarmachen, was von einem Lehrer heute verlangt wird, der ja möglichst individuell auf vielfältige Befindlichkeiten und eklatante Mängellagen eingehen sollte. Fachlich kompetent muss er selbstverständlich sein, aber auch Sprach- und Spieltherapeut, Kommunikationstrainer, Lernpsychologe und Sozialarbeiter. Wer von uns würde das hinkriegen, alles auf einmal?

Vielleicht ist ein Klassenlehrerstudium ein Schritt zur Lösung, eine Art Nachqualifizierung der Lehrer für ihren gewachsenen Aufgabenbereich.

»Wir können es uns nicht länger erlauben, dass hundert Prozent aller Lehramtsstudenten zu Lehrern für Fächer ausgebildet werden«,

moniert der Erziehungswissenschaftler Peter Struck. Sechzig Prozent dieser Lehrer wären auch genug, meint er, die anderen vierzig Prozent brauchten einen Studiengang,

»in dem sie Erziehungswissenschaft wie bisher studieren und ein Fach wie bisher. Das zweite bisherige Unterrichtsfach muss durch ein Bündel aus Hirnforschung, Lernpsychologie, Ernährungskunde, Bewegungserziehung, Spielpädagogik, Gewalt- und Suchtprävention, Verhaltensgestörtenpädagogik und einigen medizinischen Anteilen ersetzt werden: damit Lehrer individuell auf Aufmerksamkeitsstörungen, Hochbegabungen und vieles mehr reagieren können.«

Zu diesem Bündel müsse aber auch der Aspekt »Elternschaft lernen« gehören.

»Denn auch langfristig wird Schule nicht Reparaturbetrieb der Gesellschaft werden können, nicht die Erziehung des Elternhauses komplett übernehmen können.«

Es wird nicht genügen, allein die Schule in die Pflicht zu nehmen. Dass die Eltern gefordert sind, ist keine Frage. Und wer sein moralisches Stützkorsett zu Hause erworben hat, der hält auch den Gruppendruck in Sachen Handy, Klauen, Kiffen und Kloppen besser aus. Was aber ist mit den anderen?

Der kleinste gemeinsame Nenner muss noch gefunden werden: In der Familie wird erzogen, in der Schule wird auf dieser Erziehung aufgebaut, indem Wissen, Kenntnisse und Fertigkeiten vermittelt und auch die Persönlichkeiten gebildet werden. Eltern haben die Verantwortung für ihre Kinder und dafür, sie fit für die Welt und das Leben zu machen. Aber wenn sie selbst schlechte Vorbilder sind? Dann sind alle gefragt, Eltern sowieso, die Lehrer und die ganze Gesellschaft müssen begreifen, dass Beliebigkeit und willkürliches Hin- und Herschieben von Verantwortung für die schulischen Werdegänge von Kindern nicht länger hinzunehmen sind. Moderne Erziehungswissenschaftler haben die angestammte Vorwurfshaltung gegenüber der Elternschaft längst aufgegeben und setzen auf Hilfe statt Strafe:

»Wir brauchen Lehrer, die in der Lage sind, mit einer auf Eltern zugehenden Pädagogik, Müttern und Vätern über Hausbesuche, Elternstammtische oder Elternabende bei der Erziehung zu helfen«,

schreibt Peter Struck in der *Süddeutschen Zeitung* vom 12. September 2003.

»Denn die Schule ist die einzige Lebenswelt unserer Gesellschaft, die noch sämtliche junge Menschen bewusst erzieherisch zu erreichen vermag, weil wir eine Schulpflicht haben.«

Nie wieder im Leben hat man sie alle so schön beieinander wie im Alter zwischen sechs und sechzehn Jahren, und das montags bis freitags von acht bis zwei Uhr. Schule kann viel richten, was zu Hause schiefgelaufen ist.

11. Kapitel

Elternengagement – muss das eigentlich sein?

»Liebe Eltern,
nun ist es wieder so weit. Die Ferien gehen zur Neige und die Schulzeit fängt an. Der Tag beginnt für alle früh, Hausaufgaben wollen gemacht werden und Lehrergespräche stehen an. All das gilt natürlich nicht nur für die Kinder, auch für die Eltern bestimmt die Schule den Alltag.«

Launig begrüßt der Berliner Arbeitskreis Neue Erziehung lesende Eltern schulpflichtiger Kinder auf der hauseigenen Website zum Schulbeginn 2006. Das diesjährige Schwerpunktthema heißt »Elternpartizipation«. Wie sich Eltern in der Schule zu beteiligen haben, erläutert eine Fülle von Helpware in Gestalt von Broschüren, Büchern, Mitteilungsblättern. Denn da kann man viel falsch und muss man noch mehr richtig machen. Nur gar nichts machen geht nicht: Denn ohne Eltern läuft in der Schule gar nichts. Achselzuckende Gleichgültigkeit gegenüber der Schule, die das eigene Kind besucht, grenzt für manche schon an den Tatbestand der Kindesmisshandlung, mindestens aber der asozialen Pflichtvergessenheit. Kooperation ist längst zum Pflichtprogramm im kleinen Grenzverkehr zwischen Schule und Familie geworden: Eltern und Lehrer müssen Hand in Hand arbeiten, so heißt es landauf, landab, und die ureigene Berechtigung dieses modernen Muss wird kaum je in Frage gestellt.

Klar, die Lehrer haben ihre eigenen Wünsche und Nöte, und was läge näher, als Eltern vor diesen Karren zu spannen und als Verbündete gegen das unwillige Kind zu gewinnen. Klar auch, dass Eltern sich eingeschüchtert geben, weil sie fürchten, ihrem Kind gereiche es zum Nachteil, wenn sie die Zusammenarbeit verweigern. Teilnahme am Elternsprechtag? Unterschrift? Gespräche mit dem Lehrer führen? Geld einsammeln, um einen Blumenstrauß für die Lehrerin zu kaufen? Das Kind zur Brust nehmen, wenn der Lehrer dringend eine Aussprache empfiehlt? Was aber eigentlich genauso alles gemeint ist, sagt auch niemand. In der einen Schule reicht die Anwesenheit auf dem Elternabend und hinreichend häufiges Fingerrecken, wenn es um die Standbetreuung auf dem Schulfest geht, in der nächsten muss man sich darüber hinaus mit qualifizierten Redebeiträgen zur Arbeitsplatzbeschreibung des Hausmeisters hervortun oder dem Klassenlehrer kenntnisreich Vorschläge unterbreiten, wie dem Unterrichtsausfall beizukommen wäre. Gerüchteweise hört man von Schulen, in denen es genügt, das Scheckbuch oder besser gleich einen ernstzunehmenden Schein zu zücken, wenn Spendenbedarf angemeldet wird, oder jedenfalls prompt die Ärmel hochzukrempeln, wenn die Idee aufkommt, den Schulhof begrünen zu wollen. Wir sollen uns nicht als Gegenspieler, sondern als Team verstehen, ganz klar. Und jetzt alle noch einmal im Chor: Ohne Eltern läuft gar nichts an der Schule.

Es macht ja auch unglaublich viel Spaß, gemeinsam den Klassenraum zu renovieren, ein Elterncafé einzurichten, auf gemeinsamen Ausflügen die Klassenkameraden der Kinder kennenzulernen, im Schwimmbad beim Schwimmenlernen zu helfen, eine Schulbibliothek zu betreuen oder sogar eine Arbeitsgemeinschaft am Nachmittag anzubieten und sich als Mathemutter, Bastelmutter, Computermutter, Spanischmutter und Hausaufgabenmutter in die Schule einzubringen – und das nicht nur für das eigene Kind zu sein, sondern für alle anderen gleich mit.

Wer bestreiten wollte, dass Elternbeteiligung zum A & O eines gelingenden Schullebens gehört, setzt sich heutzutage schnell dem Vorwurf aus, nicht mehr alle Tassen im Schrank zu haben. Ganz selbstverständlich nehmen Schulen Eltern in die Pflicht und bedienen sich der Zeit, des Geldes und der Energie von Müttern und Vätern, als stünden ihnen diese Ressourcen von Rechts wegen zu. Und Eltern sind mehr als bereit, sich in Dienst nehmen zu lassen, und bieten in vorauseilendem Gehorsam der Schule sogar jedwede Unterstützung an. Schließlich wollen sie, was alle Eltern wollen – das Beste für ihr Kind. Und da führt kein Weg an der Schule vorbei, oder jedenfalls an der vagen Befürchtung, es könne dem Kind zum Schaden gereichen, wenn seine Eltern die Schule verweigern. Die wenigsten Eltern leisten sich heute noch den mentalen Luxus, die Schule der Kinder auf die leichte Schulter zu nehmen und es dabei bewenden zu lassen, liebende Eltern zu sein, anstatt den gut funktionierenden und allzeit bereiten Schul-Coach zu mimen. Im Gegenteil: Seit der ersten großen allgemeinen Bildungsverunsicherung der sechziger Jahre ist die Rolle der Schule enorm gewachsen, den allermeisten Eltern ist ihre Bedeutung als zentrale Zuweisungsinstanz für soziale Lebenschancen der Kinder schmerzlich bewusst.

Entsprechend stark ist die Bereitschaft und die Kompetenz der Eltern zu umfassend erzieherisch-reflektiertem Verhalten gestiegen, halten Heidrun Bründel und Klaus Hurrelmann in ihrem schon vor zehn Jahren erschienenen Buch *Einführung in die Kindheitsforschung* fest. Ungefähr ein Fünftel der Kinder, schätzen die Autoren, treffen in ihren Familien auf Gleichgültigkeit und würden nur gering gefördert. Vier Fünftel der Kinder haben Eltern, die sie anspornen, unterstützen und alles in ihrer Macht Stehende tun, um ihre Bildungschancen zu verbessern. Wahrscheinlich sind es heute noch mehr, die zumindest bei den Hausaufgaben täglich hilfreich assistieren.

»Kinder mit sozial schwachem Hintergrund werden von ihren Eltern in ähnlich hohem zeitlichen Umfang dabei unterstützt wie ihre Mitschüler mit einer günstigeren sozialen Ausgangsbedingung«,

sagt der Psychologe Ulrich Trautwein im *Tagesspiegel*-Gespräch vom 18. Oktober 2006.

»Schwache Leistungen scheinen das elterliche Engagement sogar zu steigern.«

Wie wahr. Das Ideal, für jedes Kind die optimale Entwicklung zu ermöglichen, übersetzen Eltern nicht etwa in solide Kritik am Schulwesen und beinharte Forderungen an die Bildungspolitik, sondern in einen enormen Anspruch an ihre eigene Rolle und vorauseilenden Gehorsam: Mag ja sein, dass die Schule und ihre Lehrer in vielerlei Hinsicht versagen, also müssen wir wenigstens alles, aber auch wirklich alles tun, um den Kindern eine optimale Mitgift auf ihrem schulischen Werdegang zukommen zu lassen. Möglichst hoch und gut soll schließlich der Abschluss sein; mehr als die Hälfte der Eltern wünscht das Abitur für den Nachwuchs, von den Eltern mit Abitur sind es sogar 90 Prozent. Schulabschlüsse sind heute gleichzeitig mehr und weniger wert; mehr, weil höhere Abschlüsse immer wichtiger für den Einstieg ins Berufsleben werden, weniger, weil sie immer seltener eine attraktive Berufslaufbahn verbürgen.

In diesem Dilemma wirken Eltern weniger als Puffer, der Leistungsansprüche der Schule an die Kinder auffängt, und mehr als Katalysator, der die Leistungsmotivation zusätzlich antreiben und in Gang halten muss. Mehr noch: Intensives Schulengagement ist allererste Elternpflicht geworden, die viele kleine Dienste einschließt, die beim Kuchenbacken anfangen und beim Bezahlen von Nachhilfestunden noch lange nicht aufhören. Auch bildet Schule ungemein – vor allem die Eltern.

Manche Familientherapeuten, Kinderpsychiater und Sozialwissenschaftler stufen dieses Engagement schon als pathogen ein, doch das jedenfalls ist unübersehbar: Der lange Arm der Schule dringt zusehends und unaufhaltsam in den ehemaligen Schonraum Familie ein, so dass schulische Belange mittlerweile zum beherrschenden Thema des Familienlebens geworden sind und Aspekte, die sich auf die private Lebensführung, Politik oder Religion beziehen, bei weitem übertreffen. Zu diesem Ergebnis kommt der Siegener Soziologe Thomas Meyer in einem Aufsatz über die gewandelte, moderne Elternschaft. In einem nie da gewesenen Ausmaß fühlen Eltern sich heute für den Schulerfolg ihrer Kinder verantwortlich. Sie engagieren sich nicht nur stärker als je zuvor, sondern auch in zahlreichen Facetten – als Karriereberater, Informationsbeschaffer, Unterrichtsunterstützer, Klassenanimateur und Schulbegleiter. Dieser hehre Anspruch bringt nicht nur Stress für die Eltern, sondern auch die Kinder dürfen sich einigermaßen druckbetankt fühlen.

Wie der Schweif an den Kometen hängt sich Gesundheitsstress an die Schule: Bei 50 Prozent aller Schulkinder kann Schulangst festgestellt werden, fast ein Drittel der Jugendlichen versucht, Schulstress mit Psychopharmaka wegzuschlucken, bei den 13- bis 16-Jährigen leiden 48 Prozent manchmal oder häufig unter Kopfschmerzen, 41 Prozent an Rückenschmerzen, 30 Prozent an Magenbeschwerden, 25 Prozent an Schlafstörungen und 24 Prozent an starkem Herzklopfen. Diese Befunde hat eine Zusammenstellung der Aktion Humane Schule exemplarisch aus verschiedenen Studien genannt.

Wo Eltern heute mehr und mehr zum pädagogischen Freizeitunternehmer werden, wird den immer absoluter daherkommenden Ansprüchen der Schule der Familienfrieden geopfert. Der Kontrast zwischen Eltern und Lehrern verliert an Schärfe, und die Beziehungen zwischen Eltern und Kindern mutieren unter der Hand leicht zu einer Art Schulbeziehung, in der Zuneigung nach Noten dosiert wird. Wenn die Wertschätzung der Eltern in die Abhängigkeit der Zensurenkonjunkturen gerät, hat das Konsequenzen für die Kinder:

»Das Kind darf immer weniger hingenommen werden, so wie es ist, mit seinen körperlichen und geistigen Eigenheiten, vielleicht auch Mängeln. Es wird vielmehr zum Zielpunkt vielfältiger Bemühungen. Möglichst alle Mängel sollen korrigiert werden (nur kein Schielen, Stottern, Bettnässen mehr), möglichst alle Anlagen sollen entwickelt werden (Konjunktur für Klavierstunden, Sprachferien, Tennis im Sommer und Skikurs im Winter). Ein neuer Markt entsteht, mit immer neuen Programmen für das allseitig zu fördernde Kind. Und schnell nehmen die neuen Möglichkeiten den Charakter neuer Pflichten an. Denn die Eltern können nicht nur, nein: sie sollen nun auch das Kind mit Zahnspange und orthopädischen Einlagen, mit Skikurs und Sprachferien versorgen«,

schreibt die Soziologin Elisabeth Beck-Gernsheim unter der Überschrift »Alles aus Liebe zum Kind« in ihrem Buch *Das ganz normale Chaos der Liebe,* das sie gemeinsam mit Ulrich Beck veröffentlicht hat.

Unter diesen Bedingungen kann Schulverweigerung nur den herzlosen Müttern unterlaufen, den Rabeneltern. Deshalb tun wir lieber zu viel als zu wenig und fragen uns allabendlich schuldbewusst, ob wir auch wirklich genug getan haben. Die Schule erzeugt diffuse Angst davor, unsere Kinder beim Kampf um die Fleischtöpfe der Zukunft verlieren zu sehen, und diese

Angst nimmt uns an die Kandare der Schule, deren Kriterien ins Familienleben einsickern: Zeitmanagement, Logistik des Lernens, Effektivität, Rationalität, Leistungsdruck – die trennende und schützende Grenze zwischen Arbeit und Spiel, Lernen und Liebe wird unscharf. Wir orientieren uns immer stärker an schulischen Belangen und lassen dabei zu, dass äußere Mächte unser Familienleben kolonialisieren. Da schließt sich der Kreis: Die Kinder werden in ein Netz von schulischen Anforderungen verstrickt, und mit denselben Maschen werden auch die Eltern gefangen.

»Es liegt zurzeit im Trend, dass Schulen Eltern immer mehr einbeziehen«, stellt eine »Schulmutter« fest und ergänzt, »und zwar nicht nur zum Ausführen von Aufgaben, die von den Lehrern vorgegeben werden, sondern auch bei der Planung und Gestaltung des Schulhauses.«

Beispielsweise der Umgestaltung des geteerten Schulhofes in eine wunderbare Landschaft mit Klettergerüsten und Tobe-Ecken. Vielleicht entfalten wegen solcher hübschen Errungenschaften immer mehr Schulleitungen auf Homepages, in Broschüren und Mitteilungen an die Eltern häufig einen stark imperativ getönten Charme mit Sätzen wie diesen:

»Die Mitarbeit der Eltern als unterstützende Partner der Schüler, Lehrer und Schulleitung wird gewünscht und ist unerlässlich.«

Auf den Seiten des Arbeitskreises Neue Erziehung gibt es Links, Materialien, Einführungsartikel und eine kleine Textsammlung. »Schulkonzepte mit Elternbeteiligung«, »Förderprogramme zur Unterstützung der Elternbeteiligung«, »Beispiele von Schulen mit interessanter Elternbeteiligung« und natürlich »Erfahrungen von Eltern mit Schulbeteiligung«, in denen die porträtierten Eltern einen Erfahrungsaustausch mit anderen aktiven Eltern schildern, »so spannend und aufregend wie für andere der Besuch eines WM-Spieles«.

Erfreulicherweise gibt es mehr Gelegenheiten, sich in der Schule zu engagieren, als Weltmeisterschaftsspiele zu besuchen. Und so berichtet dort ein Vater dreier Kinder, wie gerne er sich zum Elternvertreter hat wählen lassen, denn davon versprach er sich, »einen tieferen Einblick in die Vorgänge der Schule zu erhalten«. Sein anfänglich großes Interesse und Engagement schwand jedoch bald dahin. Seine Unzufriedenheit mit der Gremienarbeit wuchs, der Eindruck erhärtete sich,

> »dass sich die Schule zwar über die tatkräftige Mitarbeit der Eltern freut, aber darüber hinaus Unklarheit bestand, welches Ziel mit der Elternbeteiligung verfolgt werden sollte«.

Auseinandersetzungen über die Ausrichtung der Schule oder die erzieherische Leistung der Lehrer fänden gar nicht oder nur ganz abstrakt statt, so fehlten dem engagierten Vater nach einiger Zeit die Betätigungsfelder außerhalb der Gremienarbeit. Kein Raum für ergebnisoffene Diskussionen, resümiert er, was die Eltern bezüglich der Mitbestimmung doch lethargisch werden lasse. Seinen Spaß am Schulleben wollte er sich nicht nehmen lassen – und bietet nun eine Koch-AG für Jungen an. Auch schön.

Engagierte Eltern haben viele Geschichten zu erzählen, in denen sie den Eindruck beschreiben, ihre Beteiligung sei durchaus gewünscht und erwartet, wenn es darum gehe, die schulischen Leistungen der Kinder zu steigern – etwa über die Betreuung und Kontrolle der Hausaufgaben oder der unproblematischen Organisation von Nachhilfestunden, auch Kuchen oder Sachspenden und Begleitung bei Ausflügen sind stets willkommen. Wenn Elternbeteiligung aber ins Kraut schießt und mehr will als nur helfen, nämlich mitbestimmen und gestalten, wird's eng.

»Häufig machen Eltern die Erfahrung, dass ihre Wünsche und Ideen nach Veränderung eine ernsthafte Wertschätzung von Seiten der Schule vermissen lassen. Für ihre Vorschläge auf der Schulkonferenz ernten die Eltern noch allzu häufig genervtes Seufzen anstelle eines freudigen Dankeschöns.«

So Uta Pioch in ihrem Einführungsartikel zur Elternbeteiligung. Dass Eltern großen Spaß daran finden, sich am Schulleben zu beteiligen, mitzuarbeiten und ihre Ideen in Gremiengesprächen reifen lassen, in der Formulierung eines Schulprofils beispielsweise eine

»wunderbare Gelegenheit sehen, um gemeinsam mit Schülern, Eltern und Lehrern zu überlegen, wohin die Reise der Schulentwicklung gehen soll«,

wie Uta Pioch schreibt – das ist ein frommer Wunsch, den die Wirklichkeit noch immer Lügen straft. Oder warum sonst wird es regelmäßig auf dem ersten Elternabend im neuen Schuljahr mucksmäuschenstill, wenn die Wahl des Elternvertreters ansteht, und zwar quälende Minuten lang?

Also doch lieber Kuchenbacken und Klassenräume renovieren, Fördervereine gründen und alimentieren, Arbeitsgemeinschaften anbieten und dem Lehrer beim Lesenlehren zur Hand gehen – nur, über Lernkonzepte diskutieren, Unterrichtsausfälle beklagen, einem unfähigen Lehrer die Chance zu eröffnen, die Schule zu verlassen, oder die Entscheidung, welche Schule das Kind besuchen soll, nun ja, wenn Eltern sich da einmischen, haben sie das in der Schule lieber nicht so gerne.

Jüngste Beispiele: Bei der Wahl der weiterführenden Schule wird der Elternwille Schritt für Schritt abgeschafft. Über das trojanische Pferd der »eigenverantwortlichen Schule« wird der Machtspielraum des Schulleiters auf Kosten der bislang entscheidenden Gremien, wie zum Beispiel der Schulkonferenz aus Lehrern, Eltern und Schülern, vergrößert. Ob es Samstagsunterricht gibt, ob ein Lehrer befördert wird und nach welchen Methoden er unterrichtet, entscheidet der Schulleiter allein.

*

Das Terrain zwischen Eltern und Lehrern ist nicht nur sehr unübersichtlich, sondern auch die Hoheitsrechte über das Kind sind völlig ungeklärt: Wer ist eigentlich wofür zuständig? Solange keine Seite genau weiß, was sie zu verantworten hat und was nicht, was sie von der anderen Seite erwarten darf und was nicht, wird die Verantwortung ebenso munter wie folgenlos hin und her geschoben. Eine ungute Gemengelage aus gegenseitigen Ansprüchen entsteht, in der Misstrauen, Enttäuschung und Ärger bestens gedeihen, weil einfach nirgendwo klar ausgesprochen wird, wo die Grenze zwischen Schule und Familie verläuft. Keiner kann hier seine Arbeit wirklich gut leisten, weil beide – Eltern und Lehrer – ihre Energie zwischen zwei großen Einflussbereichen aufteilen müssen.

Eltern versuchen, Lehrern zu vermitteln, was ihre Kinder vermeintlich brauchen und oft auch noch wie viel genau und in welchen Dosierungen – in Mathe bitte immer die homöopathische Dosis und in Deutsch die klassisch-schulmedizinische oder doch lieber umgekehrt?

Lehrer überheben sich an dem Versuch, die Erziehungsberater für Eltern zu sein, deren Kinder zu Hause Leistung verweigern, jedenfalls wenn es um die Hausaufgaben geht. Und nicht wenige Lehrer reagieren empfindlich, wenn die Eltern in der Schule auftauchen und ihnen erklären, wie sie ihre Arbeit machen sollen.

Das Ende vom Lied, das Tag für Tag in kleinen Strophen gesungen wird: Keiner kriegt die Bestätigung, die er braucht, um seine Aufgabe gut zu meistern. Je weiter der Aktionsradius gespannt wird, umso mehr verschwimmt die Aufgabenzuordnung.

Wie wäre das schön: Wenn das Kind den Ranzen schultert und hinterm Schultor verschwindet, können wir loslassen und sicher sein, dass die Kleinen in einer gedeihlichen Atmosphäre von kompetenten Menschen, gesegnet mit frischem Verstand und ausgebildet mit allem nötigen methodischen, fachlichen Können, begleitet werden und jeder zweifelnde Gedanke eine Energieverschwendung bedeutet. Zu Hause wäre dann auch wirklich daheim sein dürfen: Spielen, Nähe, Wärme, Geborgenheit, Verständnis, Einkaufen, Putzen, Freunde empfangen und auch die Stunde Hausaufgaben erledigen, aber alleine und nicht argusäugig eskortiert von den Eltern.

Und die Lehrer könnten endlich aufhören, die Augen zu verdrehen, wenn sie über Eltern sprechen. Denn in der Schule wären sie die Chefs und wüssten nicht nur genau, in welch großer Verantwortung sie stehen, sondern würden diese auch rechtfertigen. Sie könnten sich den Unsinn schenken, Eltern immer wieder neu mit dem neuesten Methodenschnickschnack vertraut zu machen, nur um stundenlang gequälte Diskussionen hinter sich zu bringen, die irgendwann, wenn auch der letzte Elternteil eingeschlafen ist, die Perspektive eröffnen, es doch so zu machen, wie sie es eigentlich anfangs wollten.

Lehrer könnten selbstbewusst Eltern signalisieren, dass sie schon alleine auf die Reihe kriegen, den Kindern beizubringen, was sie brauchen. Aufgrund ihrer Kompetenz könnten sie von Eltern Vertrauen erwarten, und Eltern könnten Vertrauen gewähren; denn ihre Aufgabe ist eine andere als die des assistierenden Komplizen. Könnten Eltern sich darauf verlassen, dass die Lehrer ihren Job gut machen, wäre das eine tolle Entlastung im Alltagsleben. Denn dann könnten wir aufhören, die schulische Autorität in die Familie hinein zu verlängern, und uns darauf beschränken, die schulische Wirklichkeit solidarisch mit den Kindern zu ertragen. Der Schule geben, was der Schule ist – und das Kind am Schultor abliefern. Dann könnten wir endlich den Job als Aushilfslehrer für unsere Kinder an den Nagel hängen und unser eigenes Familienleben führen. Wir müssten auch nicht die Bänke irgendwelcher Elternschulen drücken oder irgendwelche seelenlosen Schulhöfe umgestalten, sondern könnten uns endlich um unsere Familien kümmern.

In einer derart entlasteten Erziehung, die sich auf eine klare Aufteilung der Verantwortlichkeiten besonnen hätte, könnten wir uns darauf konzentrieren, ernsthafte Gespräche mit unseren Kindern zu führen oder sinnlos herumzualbern, ihnen einen Grundsatz bekömmlicher Umgangsformen beizubringen und ihre Anwesenheit schlicht und einfach zu genießen. Wir wären erleichtert, wenn sie endlich schlafen gehen, und froh, wenn sie am nächsten Morgen weiterplappern. Wir müssten nicht ständig die Hausaufgaben überwachen, beim Elternabend über den Hausmeister reden und uns als Hilfslehrer zur Verfügung stellen und könnten zu Hause auch mal wieder über etwas anderes als die Schule reden. Und wir dürften gelegentlich auf das Fordern & Fördern verzichten und einer mütterlichen oder väterlichen Herzensregung nachgeben: uns an ihnen freuen und sie ganz einfach bedingungslos lieben. Eltern dürfen endlich wieder Eltern sein, als nationale Reservearmee für den maroden Schulbetrieb würden sie jedenfalls nicht mehr gebraucht.

Die wirkliche Macht der Eltern liegt nicht darin, auf die Schule einzuwirken. Die Schulgesetze sind nicht von uns beschlossen. Die Lehrer sind nicht von uns ausgewählt und eingestellt, und wir können sie auch nicht entlassen. Die Lehrpläne haben wir uns nicht ausgedacht. Die Schulordnung haben wir nicht erstellt. Methodik, Didaktik, Motivation, Evaluation: weiß Gott nicht unsere Sache. Keine Karte, mit der in der Schule gespielt wird, haben wir gezogen, an keiner Schraube, die das Konstrukt zusammenhält, könnten wir drehen. Wir stehen hier – und die Schule dort.

Offiziell angepriesene Mitwirkungsmöglichkeiten der Eltern sind eine Mogelpackung, und die beredte Stille bei der Wahl des Elternvertreters zeugt davon, wie realistisch Eltern ihre Mitwirkungsmöglichkeiten einschätzen. Wenn es wirklich um etwas Wichtiges geht, hat immer die Schule das letzte Wort. Das liegt an der Struktur und ist im Gesetz verankert. Auch »vorhandene Instrumente wie die Schülermitverwaltung sind kinderrechtlich gesehen Makulatur«, sagt der Bildungsexperte Ulrich Klemm in einem Aufsatz zu den Ursachen der Bildungskatastrophe. Die Schulorganisation und damit die Staatsräson aufrechtzuerhalten hat noch immer Vorrang vor pädagogischen Zielen oder dem Recht auf Beteiligung. Als Beamte sind Lehrer in erster Linie ihrem Dienstherrn, dem Staat, verpflichtet und erst in zweiter Linie ihren Schülern.

»In der BRD wird hinsichtlich der Schule und Schulpflicht an einem entscheidenden Punkt immer der Schutz des Staates vor den Schutz des Kindes gesetzt. Partizipation ist in letzter Konsequenz immer zum Wohle des Staates eingeschränkt. Mitbestimmung von Schülern, Eltern und Lehrern findet nicht statt«,

konstatiert Ulrich Klemm und regt einen systematischen und historischen Blick auf die staatliche Bildungskultur an. Die Kritik an der Schule gehöre zwar heute zur Bildungskultur, doch noch immer umgebe Schule etwas Unangreifbares, das sie gesellschaftlich heilig spreche. Andere Institutionen wie die Kirche, das Militär oder die Familie seien im Zuge emanzipatorischer Entwicklungen der letzten hundert Jahre in ihrer Bedeutung relativiert. Der Dienst an der Waffe als Bürgerpflicht könne verweigert werden, die Demonstration des christlichen Glaubens über die Mitgliedschaft in einer Kirche sei nicht mehr zwingend notwendig und die Zugehörigkeit könne verweigert werden. Auch sei es heute legitim, sich der klassischen Familienform zu verweigern und eben nicht zu heiraten oder keine Kinder zu bekommen. Diese Emanzipationsschritte verbürgten gesellschaftlichen Fortschritt und bereiteten viele Wege für ein neues Lebensgefühl. Das muss man sich klarmachen: Den Wehrdienst darf man verweigern, aus der Kirche kann man austreten, nur weil ein Kind unterwegs ist, muss heute niemand mehr heiraten und kann sich sogar komplett gegen das Kinderhaben entscheiden. Nur an der Schulpflicht kommt keiner vorbei.

»Es gibt jedoch kaum eine Instanz in unserer Gesellschaft, die so resistent gegen demokratische Reformen ist wie die Schule. Sie ist eine Institution, in der hoheitliches Handeln vor pädagogischem dominiert«, sagt Ulrich Klemm.

»Der in der öffentlichen Verwaltung vollzogene Schritt zu einer Dienstleistungskultur hat die öffentlichen Schulen noch nicht erreicht.«

Die Demokratisierung von Lehren und Lernen, gleichberechtigte Teilhabe und auch die Möglichkeit, dem allwaltenden Schulzwang freundlich *nein danke* zu sagen und eigene Bildungswege zu gehen – all diese schönen Errungenschaften stehen der Schule noch bevor. Deshalb endet die Macht der Eltern auch am Schultor. Ihre wirkliche Macht liegt jedoch in allem und jedem, was sie zu Hause tun können, ob das mit der Schule zusammenhängt oder nicht.

Der wohlfeile und gebetsmühlenhaft wiederholte Gemeinplatz, wonach der Erfolg eines Kindes in der Schule ausgerechnet von der elterlichen Unterstützung abhängt, offenbart eine abgründige Wahrheit: Die Schule kriegt es alleine nicht gebacken und stiehlt sich im großen Stil aus ihrer ureigenen Verantwortung, indem sie, kaum dass die PISA-Papiere trocken waren, schon mit spitzen Fingern auf die Eltern zeigt, deren mangelhafter Erziehungsarbeit und fehlendem Schulengagement zuzuschreiben sei, dass deutsche Schüler jedenfalls nicht mit Leistung zu überzeugen vermögen. Es reicht nicht, Projekttage zu veranstalten, Wochenpläne und Freiarbeit auf den Stundenplan zu setzen, jahrgangsübergreifenden Unterricht einzuführen, und es reicht auch nicht aus, die Lehrerschaft durch immer lautere und aufdringlichere Forderungen nach mehr Elternengagement zu entlasten.

»Die Frage, warum Schüler die Schule ohne Abschluss verlassen, warum Schüler schulmüde werden, warum Schüler die Schule verweigern und warum junge Menschen als funktionale Analphabeten die Schule verlassen, kann und darf nicht ausschließlich individualisiert werden«,

beschreibt Ulrich Klemm ein nicht eingelöstes Bildungsversprechen.

»Die derzeit bestehenden staatlichen Regelschulen scheinen außerstande zu sein, ihren grund- und landesgesetzlichen Auftrag zu erfüllen. Weder Chancengleichheit noch soziale Gerechtigkeit noch Förderung der Begabungen können die Schulen derzeit flächendeckend und für alle garantieren. Im Gegenteil: Schule wird zu einem rigiden Selektionsinstrument – siehe PISA-Ergebnisse.«

Wenn Erfolg oder Scheitern eines Kindes so stark vom pädagogischen Einsatz der Eltern abhängen, muss man sich nicht wundern, dass in keinem anderen europäischen Land Schulerfolg und soziale Herkunft so eng miteinander zusammenhängen wie in Deutschland – »das vielleicht eindrucksvollste Ergebnis der PISA-Studien«, schreibt klug Barbara Vinken, Professorin für Französisch, in *Chrismon,* Heft 3/2006.

»Was aber war die unmittelbare und vollkommen paradoxe Reaktion auf die PISA-Studie? Die Eltern wurden in die Schule bestellt, um sich einen pädagogischen Film anzusehen, der sie aufforderte, darauf zu achten, dass ihre Sprösslinge mehr lesen – was die Eltern, die da saßen, sowieso taten. Nicht die Schule, das Elternhaus hatte versagt, schloss man messerscharf aus PISA, und hier musste angesetzt werden. Den Kindern, denen die Eltern nicht helfen, kann hierzulande anscheinend sowieso niemand helfen.«

Zu glauben, dass die Bildungsmisere durch eine noch stärkere Verzahnung von Schule und Elternhaus zu beheben sei, ist wenig mehr als ein fataler Irrtum. Der aktuelle Trend, Eltern noch mehr als bisher in die Schule einzubeziehen, wird genau jene sozialen Spaltungen in den Schulen verstärken, denen eine veränderte Schulstruktur, sei es eine Verkürzung der Gymnasialzeit auf acht Jahre, sei es die Ganztagsschule, sei es der jahrgangsübergreifende Unterricht, seien es noch so viele angesagte schulische Mätzchen, entgegenwirken will. Bildungspolitiker verwischen seit Jahren den Unterschied zwischen dem Lehrauftrag der Schule und dem Erziehungsauftrag des Elternhauses.

Dabei funktioniert doch schon heute kaum eine Nachmittagsbetreuung oder ein Ganztagsangebot ohne die ehrenamtliche Mitarbeit von Eltern. An hessischen und bayerischen Gymnasien fungieren die Eltern als Aushilfslehrer, hier und da wird mit kostenneutralen Ein-Euro-Jobbern als Ersatzlehrern und Ersatzerziehern kokettiert. Andernorts reparieren Eltern Toiletten, streichen die Wände von Klassenräumen, Schulfluren und ganzen Fassaden oder organisieren den Pausenverkauf, die Klassenfahrt, die Nachhilfestunden. Was dann als Form bürgerschaftlichen Engagements so hochgejubelt wird, verschweigt, dass die Fähigkeiten und Voraussetzungen dieses Einsatzes so verschieden sind wie Familien – und im Übrigen immer waren und das auch sein dürfen. Engagiert sind vor allem die bildungsbeflissenen Mittelschichtseltern, die sich das Mitarbeiten noch als edles, sinnstiftendes Tun zum Nutzen der Allgemeinheit schönreden können. Sie sind gebildet, sprachgewandt und gediegen genug, um mit Lehrern zu verhandeln, Briefe an Politiker zu schreiben oder die Finanzen des Fördervereins schlau zu verwalten. Gleichzeitig wird Elternengagement von allen erwartet – von den türkischen Müttern soll wenigstens eine Koch-AG angeboten werden, den Müttern mehrerer Kinder verlangt man ebenso ab, den Posten des Elternvertreters zu übernehmen oder am Wochenende den Klassenraum zu renovieren wie der nicht erwerbstätigen Mutter nur eines Kindes. Am Ende steigt die Belastung von kinderreichen Familien und von Alleinerziehenden, die doch sowieso schon Überdurchschnittliches für die nachwachsende Generation leisten. Wenn die Qualität der Schule jetzt immer mehr von der Elternmitarbeit abhängen soll, wird die strukturelle Ungleichheit der Familien in den Schulleistungen eins zu eins reproduziert. Wem nutzt das eigentlich?

Datendrang statt Tatendrang

Es ist zwar richtig, dass Kinder bessere Schulleistungen zeigen, wenn die Eltern sich darum kümmern, aber reicht dieser traurige Umstand schon hin, um die Eltern zur aktiven Teilnahme am Schulleben zu verpflichten? Oder bemänteln all diese Vorstöße nicht eher die Kapitulation der Schule vor der immens wichtigen Aufgabe, Kindern einen Bildungsweg zu eröffnen, der weitgehend unabhängig von ihrer Herkunft verläuft. Viel spricht dafür, dass mehr dabei herauskäme, wenn Schule sich unvoreingenommen auf die Kinder konzentrieren würde, als ständig auf ihre soziale Herkunft zu schielen. Und das beginnt schon früh: In den vier Schuleingangsuntersuchungen, die ich als erwachsene Schulanfängerin bisher absolviert habe, hatte ich jedes Mal einen umfangreichen Fragenkatalog zu beantworten. Staatlicherseits erheischte man Auskunft über den familiären Hintergrund des jeweils künftigen Schülers, in denen ein gegebener Zusammenhang mit dem bevorstehenden Schriftspracherwerb, der Lesefähigkeit und dem Rechenvermögen auf den ersten Blick jedenfalls nicht zu erkennen ist: ob der Kindsvater im gleichen Haushalt lebe, wie lange das Kind gewöhnlich fernsehe, ob Geschwister und wenn ja wie viele vorhanden seien, ob ich auf gesunde Ernährung achtete, ob und wenn ja wie viele Zigaretten ich rauchte, ob in der Familie Alkohol konsumiert werde, was mein und, falls vorhanden, des Kindsvaters höchster erreichter Bildungsabschluss sei und auch, ob er oder ich oder wir beide einer Berufstätigkeit nachgingen und welcher Einkommensklasse man sich zuordne. Und: wie groß die Wohnung sei! Erwerbslose Eltern sind gehalten, die Gründe für ihre Lage anzugeben und wenigstens zwischen »Finde keine Arbeit« und »sonstigen Gründen« zu wählen.

Es liegt auf der Hand, dass die Fragerei den familiären und sozialen Hintergrund des Kindes ausleuchten soll, und nicht etwa einen Befund zur Schulreife ermittelt. Sind die Kinder dann später auf der weiterführenden Schule gelandet, scheint die soziale Stellung der Eltern keine überragende Rolle mehr zu spielen. Jedenfalls gibt es keine weiteren Fragebogenerhebungen. Vielleicht hat die Kultusministerkonferenz da eine Informationslücke erkannt, als sie ihr Vorhaben publizieren ließ, ein nationales Register mit persönlichen Daten von Schülern aufzubauen.

»Der gläserne Schüler« darf in diesem Zusammenhang getrost als weitere Schnapsidee durchgehen. Das Projekt, mit dem die Länder Daten zur Bildungsplanung wie auch zur Beurteilung der Bildungschancen bekommen wollten, werde schon seit längerem vorbereitet, heißt es in der *Berliner Zeitung* vom 30. September 2006.

»Vorgesehen ist, dass jeder Schüler eine Identitätsnummer erhalten soll. Unter dieser sollen alle Informationen über den Bildungsweg bis hin zum

Abschluss der Ausbildung beziehungsweise Studium gespeichert werden. Dazu gehört neben Namen und Geburtsdatum auch die jeweiligen Schulbesuche, das Wiederholen der Klasse, andere Schulprobleme sowie die Abschlüsse samt Noten. Auch die familiäre Situation, wie die Herkunft von Migranten und deren Sprache, soll erfasst werden.«

Was soll man denn davon halten? Datenschützer, Lehrerverbände und Gewerkschaften lehnten die Pläne annähernd einhellig ab. Veit Albert, der Bundesvorsitzende der Schüler Union, spottet:

»Wir Schüler sind doch nicht einfach nur Nummern – und wer braucht die Information, dass auf Madagaskar geborene Schülerinnen und Schüler mit deutscher Staatsangehörigkeit in Bayern mehr Altgriechischkurse besuchen als in Niedersachsen?«

Ja, wer braucht so was? Alle, die lieber Daten sammeln, als Taten folgen zu lassen, können gar nicht genug davon kriegen. Alle diejenigen Lehrer, die auf die Familie schauen anstatt auf das Kind, das sie vor sich haben – damit im Fall des Scheiterns schon mal von vorneherein klar ist, dass es an der Qualität des Unterrichts oder der Starre des Systems oder der Persönlichkeit und Kompetenz des Lehrers jedenfalls nicht liegen kann.

Dass die Lehrer der PISA-Versager ein gerütteltes Maß an Verantwortung tragen, kann man ja schon im Vorfeld praktisch ausschließen. Logischerweise ist dann auch eine Überprüfung des Unterrichtsgeschehens völlig überflüssig. »Lehrer dürfen nicht mehr der blinde Fleck des Bildungssystems sein«, forderte schon kurz nach der ersten PISA-Welle Andreas Schleicher, der den Schülervergleich koordinierte. Als die OECD die Lehrerschaft unter die Lupe nehmen wollte, beteiligte sich Deutschland sogar noch an der Vorstudie. Doch als es dann ernst wurde und Forscher mit Videokameras in den Klassenzimmern erkunden wollten, wie es um die Unterrichtsqualität bestellt sei, erklärte die Kultusministerkonferenz dieses Vorhaben für nicht durchführbar. Die geplante Lehrerstudie beschreibe nur bekannte Dinge und sei zu teuer: »Genug getestet«, befand die KMK, jedenfalls für die hauseigene Klientel, und bestätigte einmal mehr, wo das verminte Gelände beginnt: vor der Klassenzimmertür. Und schulfremden Personen wie PISA-Forschern ist der Zutritt nicht gestattet.

So wird munter weiter nach Quellen des Versagens gefahndet, die allesamt außerhalb der Schule liegen. Es scheitern viele: Zwischen 500 000 und drei Millionen Menschen in der Bundesrepublik können laut einer UNESCO-Schätzung als funktionale Analphabeten bezeichnet werden, rund 80 000 Schüler verlassen die Schule ohne Hauptschulabschluss. Deshalb braucht man so viele Daten über den sozialen Hintergrund, um hinterher sagen zu können: alleinerzogenes Kind, ja wen wundert's. Mutter hat die Schule auch schon abgebrochen, Vater trinkt – ja, da kann ja nichts Gutes bei rauskommen. Zu Hause wird nur türkisch gesprochen – das kann ja nur schiefgehen. Aus der Fülle selbstschonender und kritikresistenter Kapriolen des Schulsystems ist ein riesiger Schubladenschrank geworden, in dem ein Kind schneller verschwinden kann, als es sich versieht.

Dass der Schulerfolg von Migrantenkindern nicht nur von der Sprache abhängt, sondern beispielsweise auch davon, ob man ihnen lehrerseits gute Leistungen überhaupt zutraut, ist eine weitere bahnbrechende wissenschaftliche Erkenntnis, mit der uns die einschlägige Forschung hin und wieder verblüfft. Schüler mit Migrationshintergrund haben tendenziell eine hohe Motivation, darauf haben Wissenschaftler in und außerhalb Deutschlands schon häufiger hingewiesen. Jetzt hat eine neue Erhebung der amerikanischen Psychologin Janet Ward Schofield am Wissenschaftszentrum Berlin vor den erheblichen Folgen der Stereotypen-Gefahr gewarnt. Die Schüler wissen, genau wie ihre Lehrer, dass die soziale Gruppe, der sie angehören, intellektuell als wenig leistungsfähig gilt. Entsprechend halten Kinder aus Migrantenfamilien weniger von ihren Fähigkeiten, und auch ihre Lehrer erwarten wenig und ermutigen sie kaum.

Gegen den schlechten Einfluss von Stereotypen und geringen Erwartungen empfehlen Schofield und ihre Kollegen – Lehrerfortbildung.

»Man habe bei Schülern deutlich bessere Leistungen feststellen können, nachdem ihre Lehrer in einem mehrwöchigen Seminar gelernt hatten, die Stereotypen-Falle zu vermeiden«,

heißt es in ihrem Bericht.

»In US-Klassen verbesserten sich die schwarzen Schüler um 30 Prozent, nachdem sie Selbstbestätigung erfahren haben.«

Ergebnisse wie dieses könnten helfen, den Schulerfolg von Migranten zu verbessern, doch die Gefahr der stereotypischen Betrachtung trifft ja auch andere Gruppen und Grüppchen, die von vorneherein negativ bewertet werden – alleinerzogene Kinder, türkisch sprechende Kinder, hyperaktive Kinder …

*

Eine Schule, die lauthals und immer wieder nach unterstützenden Eltern schreit und weniger das Kind als vielmehr seinen sozialen Hintergrund fokussiert, stellt sich selbst ein Armutszeugnis aus. Sie verschafft sich schon mal vorauseilend die Legitimation dafür, die Kinder auf der Strecke bleiben zu lassen, deren Eltern sich – aus welchen Gründen auch immer – nicht kümmern können oder wollen. Muss man denn im Gegenteil nicht von einer guten Schule verlangen dürfen, dass sie es schafft, ein legasthenisches, hyperaktives, dickes Kind mit Migrationshintergrund und ohne engagierte Eltern bis zu einem vernünftigen Schulabschluss zu bringen?

Schön wär's, ist es aber nicht. Und so begeben sich Eltern freiwillig unter die pädagogische Doppelfuchtel, gleichzeitig mit dem Kind auch noch mitbelehrt und mitbeschult werden zu müssen und dafür wieder die Schulbank zu drücken und auch, notfalls mit sanftem Druck in Elternseminaren, zu besseren Eltern erzogen zu werden. Wie kann das angehen, dass eine Schule den Besuch eines Erziehungskurses zur Bedingung dafür erklärt, dass man sein Kind dort anmelden darf? Egal, wir müssen das hinnehmen:

»Mit dem Eintritt in die Schule beginnt nicht nur für das Kind ein neuer Lebensabschnitt, auch die Eltern müssen mit ganz neuen Anforderungen fertig werden. Im Grunde sind sie auch wieder Schulanfänger«,

erklärt uns der »Schulbrief« des Arbeitskreises Neue Erziehung das Niveau, auf dem wir am ersten Schultag eingestuft werden. Nur logisch, dass man 29 000 Berliner Eltern am Einschulungstag Eltern-Schultüten überreicht, in denen sich zwar keine Bonbons finden, aber dafür jede Menge leckerer Belehrung und knuspriger Materialien für einen gelungenen Start ins Schulleben: ein Kurs für Grundschuleltern im neuen Schuljahr wird angeboten, eine bunte Broschüre der Senatsverwaltung für

Bildung, Jugend und Sport zeigt lustige Fotos vom fröhlichen Schulsenator Böger mit fröhlichen Kindern und erklärt den Eltern, wo´s langgeht, wenn es losgeht mit der Schule.

In der Schule müssen eben nicht nur die Kinder zeigen, was sie können – die Grenze zwischen der Bildung von Kindern und der Umerziehung von Eltern ist längst aufgeweicht. Die Verschulung der Familien schreitet unaufhaltsam voran. Und wir zeigen brav Präsenz in der Schule und lassen uns einbinden, beauftragen und lauschen aufmerksam, wenn Schulleiter auf Informationsabenden emsig und öffentlich darüber nachsinnen, wie sich denn unser elterlicher Enthusiasmus verstetigen lasse, der ja nur irrtümlich den Kindern gehörte und jetzt auf den ganzen vermaledeiten Schulbetrieb ausgedehnt werden soll. Ja, warum soll ich eigentlich, im täglichen Spagat zwischen Job und Familie, auch noch die Lehrerin entlasten, wo ich doch schon regierungsoffiziell angehalten bin, Familie und Beruf zu vereinbaren? Oder thematisiert das Bundesfamilienministerium etwa nicht die Förderung der Erwerbstätigkeit von Müttern in einer Tonart, die man sonst nur bei der Resozialisierung von Strafgefangenen anschlägt? Es ist eine besonders impertinente Art von Gratismut, die Schulleiter und Bildungspolitiker aller Couleur immer wieder herumtönen lässt, wie furchtbar wichtig das Engagement der Eltern in der Schule ist und wie man schon im Vorgriff auf eventuellen Widerstand mit PISA-Daten herumfuchtelt, die unser Erziehungsversagen dokumentieren könnten. Und in den Zahlenspielchen der Politiker ist das Engagement der Eltern schon längst zum Rechenfaktor geronnen. Privatschulen zum Beispiel kosten den Steuerzahler ein Drittel weniger als staatliche Lehranstalten. Den Staat kommt es erheblich billiger, wenn Eltern sich engagieren. Als 2003 in Berlin die Zuschüsse für Privatschulen gekürzt wurden, begründete der damalige Stadtentwicklungssenator Peter Strieder scheinsozial:

»Die besonders engagierten Eltern fehlen der Mischung an den öffentlichen Schulen, dienen ihnen jedoch durch das Veränderungspotential, das sie auch für die öffentliche Schule freisetzen.«

Bernd Ulrich übersetzt die Senatorenworte im *Tagesspiegel*-Kommentar vom 15. März 2002 so:

»Eltern, die ihre Kinder auf Privatschulen schicken wollen, sind besonders engagiert. Diese Initiative muss ich, Strieder, zu Gunsten der öffentlichen Schule umverteilen, daher die privaten künstlich knapp und arm halten und die engagierten Eltern auf die anderen Schulen zwingen.« Das Kernargument: »Sozialist Strieder verteilt eine gegebene Menge Elternengagement um, so wie man eine gegebene Menge Subvention, Bananen oder Stonewashed Jeans umverteilt. Es ist atemberaubend.«

Der Sparzwang bringt es an den Tag, meint Bernd Ulrich.

»In einer freien Gesellschaft würde man natürlich genau umgekehrt denken. Wenn die Privatschulen in der Lage sind, engagierte Eltern anzuziehen und ihre Initiative zu entfachen, dann brauchen wir mehr Privatschulen. Dann müssen öffentliche Schulen mehr Autonomie bekommen, um in dem Wettbewerb um Engagement und für Engagement eine Chance zu haben. Das ist das Schöne an der Freiheit, sie schafft immer mehr Freiheit. Das ist Elend am Sozialismus, er schafft immer noch mehr Sozialismus, so lange, bis nichts mehr zu verteilen ist, weder Geld noch Engagement.«

Übrigens sind auch bei Eltern schulpflichtiger Kinder die Energiereserven nicht als überquellender Pokal unendlicher

Fülle, sondern als irdisches Gefäß mit endlichem Inhalt zu sehen. Neben der Frage, was die Eltern in der Schule tun, erhebt sich die verwandte Frage, was sie in der Zeit, in der sie der Schule zuzuarbeiten haben, eben nicht tun können.

»In den letzten 20 Jahren sind die Anforderungen an Eltern, Defizite des Systems aufzufangen, enorm gestiegen. Und dieser Stress, wenn sie in einer Woche fünf Kuchen backen sollen. Wenn sie antreten müssen zum Streichen, fragt man sich, wozu eigentlich Steuergelder da sind«,

sagt Renate Hendricks, die langjährige Vorsitzende des Bundeselternrates im *ZEIT*-Interview vom 19. Mai 2004. Übrigens außerdem fünffache Mutter, die weiß:

»Nur anpassen geht nicht, ich muss hier fünf Kinder durchbringen. Solche Eltern fragen dann nach Qualität von Lehrern und Unterricht, sie legen sich auch mit der Schulleitung an, sie sind der Stachel im Fleisch des Systems.«

Allerdings sind nur die systemschonenden Elternaktivitäten gewünscht, echte Mitbestimmung stört doch nur.

»Das Schulsystem sieht Eltern als Partner gar nicht vor. Elternarbeit ist größtenteils eine Alibiveranstaltung, die Eltern ruhig stellen soll. Es gibt in unserer Schule keine Kultur des Miteinanders, der gegenseitigen Beratung, des Vertrauens«,

zieht Hendricks nach über 25 Jahren Elternarbeit Bilanz. Die meisten Eltern wollten einfach ihr eigenes Kind irgendwie durchbringen.

»Die Schule ist ein System, in dem Eltern mit ihren Kindern gemeinsam ums Überleben kämpfen. Und die Lehrer sind die Mächtigeren. Sie machen den Unterricht, und sie vergeben die Zertifikate, die über Wohl und Wehe der Kinder und ihrer Lebenswege entscheiden. Das übt einen enormen Anpassungsdruck aus.«

Könnte es sein, dass von hier aus eine heiße Spur zur Quelle des Elternengagements führt – frei nach Clausewitz, wen man nicht besiegen kann, den muss man umarmen? Wir dürfen uns engagieren, aber wir dürfen nichts entscheiden. Der Einfluss von Eltern in der Schule geht gegen null. Und noch einmal Renate Hendricks:

»Wahrscheinlich brauchen wir einen Aufstand der Eltern. Nennen Sie es Eltern-Power! Die Eltern sind das Volk. Aber bis sie sagen: So nicht mehr, muss der Leidensdruck wohl noch größer sein.«

Das geschlossene System Schule tut das seinige dazu: Auch der frühen Entscheidung, welche Kinder ins Hauptschulkröpfchen und welche ins Gymnasialtöpfchen sortiert werden, haben wir eine enorme Aufwertung des Selektionsagenten in Lehrergestalt zu verdanken, der schließlich die Macht, wenn auch nicht beileibe immer die Kompetenz hat, über den nächsten Teil der Reise zu entscheiden. Ulrich Trautwein vergleicht den Übergang von der Grundschule auf die weiterführende Schule sehr treffend mit einem Umsteigebahnhof:

»Die einen erwischen einen Expresszug, andere einen Bummelzug, innerhalb des Zuges fahren jedoch alle mit demselben Tempo.«

Der Elternwille soll bei der Entscheidung über die nächste Schule aber immer mehr eingeschränkt werden, ihr Engagement jedoch darf bleiben und sich immer weiter qualifizieren. Ulrich Trautwein befragte zusammen mit Schweizer Kollegen Achtklässler aus verschiedenen Schweizer Kantonen und fand heraus: In Familien, in denen die Eltern einen höheren Bildungsabschluss vorweisen konnten und Bildung eine wichtige Rolle spielt, berichten die Kinder seltener über Streit wegen der Hausaufgaben und Androhung von Strafen. Dafür erwähnen sie öfter die Angebote und Anregungen ihrer Eltern, eigene Anstrengungen zu unterstützen. Zwischen dieser Art der Unterstützung und guten Zensuren sahen die Forscher durchaus einen positiven Zusammenhang. Wenn Erfolg und Scheitern der Kinder so stark vom Einsatz ihrer Eltern abhängen, dann stehen wir doch noch immer wie gute Soldaten Gewehr bei Fuß. Wir haben schließlich jede Menge Verantwortung, wenn auch kaum die Freiheit darüber zu entscheiden, wie wir sie wahrnehmen wollen. Und das muss sich ändern.

Keine Rechte ohne Pflichten, so plakatierten die Anhänger von New Labor in England, das gilt auch umgekehrt. Keine Pflichten ohne Rechte! Und wenn sich die Politik wieder einmal anheischig macht, den Eltern das Erziehungsrecht streitig zu machen, verstößt sie gegen diese Regel. Wie kommen Politiker eigentlich auf die Idee, den Eltern ihr natürliches Recht zu beschneiden, sie pauschal und unangemessen des Versagens und der Unfähigkeit zur Erziehung zu bezichtigen und sie per Ganztagsbetreuung und Kollektivzwang von der »zuvörderst ihnen« obliegenden Pflicht zu befreien, sich um ihre Kinder angemessen und verantwortlich zu kümmern, sie zu versorgen und zu erziehen?

Hinter dieser fürsorglichen Belagerung von Staats wegen

steckt durchaus Methode, und darin scheint das Bild auf, das wir in den Augen der Politik offenbar abgeben. Nicht Erwachsene, die in der Regel durchaus in der Lage sind, sich verantwortungsvoll um ihre Kinder zu kümmern und über Bildungswege zu entscheiden, sondern als Mängelwesen, denen Freiheit nicht zuzutrauen ist. Logisch – der Staat hat wie die Schule immer recht, weiß alles besser und darf uns deshalb bevormunden. Dabei hat doch genau derselbe Staat dafür gesorgt, dass Kinder zum größten Armutsrisiko geworden sind und Hunderttausende Familien in Deutschland in die Armut getrieben werden.

Vielleicht wäre es an der Zeit, die Zuständigkeiten wirklich einmal zu klären. Bildung ist Aufgabe der Schule, Erziehung ist Aufgabe der Eltern. Die Familien zu schützen ist eigentlich Aufgabe des Staates. Und wenn wir es schon richten sollen, dann würden wir es gerne auch richtig machen. Dafür brauchen wir Freiheit, mehr Möglichkeiten, Bildungsvielfalt.

Bis es so weit ist, bleibt das Versagen der Schüler das Versagen der Schule. Denn wo der Staat, wie die PISA-Studien eindrucksvoll belegt haben, schon bei der Bildung komplett überfordert ist, ist er das bei der Erziehung erst recht.

»Erziehung ist Innensache«, sagt Theodor Fontane, »Sache des Hauses, und vieles, ja das Beste kann man nur aus der Hand der Eltern empfangen.«

Man könnte es auch so sagen: Alle Macht den Eltern!

Angelika Bachmann, Patricia Wolf: Wenn Lehrer schlagen. Die verschwiegene Gewalt an unseren Schulen, München 2007

Ulrich Beck, Elisabeth Beck-Gernsheim: Das ganz normale Chaos der Liebe, Frankfurt 1990

Axel Beyer: Wie wir lernen wollen. Schule kann man ändern, Hamburg 2006

Konrad Fischer: Geschichte des deutschen Volksschullehrerstandes, Band 1, 1969

Ralph Fischer, Volker Ladenthin (Hrsg.): Homeschooling – Tradition und Perspektive, Würzburg 2006

Werner Fuld: Die Bildungslüge. Warum wir weniger wissen und mehr verstehen müssen, Berlin 2004

Hans-Ulrich Grunder (Hrsg.): »Und nun endlich an die Arbeit!« Fremdbilder und Professionalisierung im Lehrerberuf, Hohengehren 2005

Armin Himmelrath: Abschied vom Gymnasium? Zur Zukunft unseres Schulsystems, Freiburg 2005

Stephan Koop: Chancenmanagement für Schulen, Norderstedt 2003

Christina Krause: Wie uns die Kinder sehen, Verlag Peter Lang 1996

Volker Krumm, Susanne Weiß: Was Lehrer Schülern antun. Ein Tabu in der Forschung über Gewalt in der Schule, in: Hans-Ulrich Grunder (Hrsg.): »Und nun endlich an die Arbeit!« Fremdbilder und Professionalisierung im Lehrerberuf, Schneider Verlag Hohengehren 2005

Wolfgang Oelsner, Gerd Lehmkuhl: Schulangst erfolgreich begegnen. Ein Ratgeber für Eltern und Lehrer, Deutscher Taschenbuch Verlag 2004

Karin Pfeiffer: Wer hat das Sagen in deutschen Klassenzimmern? Von der Entmündigung des Lehrers, Düren 2005

Georg Picht: Die deutsche Bildungskatastrophe

Kurt Singer: Die Würde des Schülers ist antastbar, Rowohlt Verlag 1998

Internetadressen

www.lernen-ohne-angst.de
www.emgs.de
www.homeschooling.de
www.homeschool.de
www.netzwerk-bildungsfreiheit.de
www.familie-sind-wir.de
www.netzwerkhochbegabung.de
www.bvnl.de
www.sudbury.de
www.sudbery-berlin.de
www.ting-schule.de
www.prof-kurt.singer.de